Inhalt

Das Stück: Thematik und Inhalt

I. Akt

Expositionsfunktion des ersten Aktes

Im ersten Akt des Dramas, der aus fünf Szenen besteht, wird das Konfliktgerüst errichtet, werden die Weichen gestellt und die Richtung bestimmt, in der das weitere Geschehen abläuft.

Diese Exposition, die Schiller mit sicherem Griff entwirft, wird in der Fachliteratur als eine der gelungensten in der dramatischen Literatur bezeichnet.

Vorstellung der Personen

Alle namentlich genannten Personen des Stückes treten auf; lediglich Lady Milford (und deren Kammerjungfer Sophie), die Maitresse des Fürsten, die jedoch für den inneren Konflikt nur eine sekundäre Rolle spielt, erscheint erst im zweiten Akt.

Skizzierung des Konfliktstoffes

In der Exposition erfährt der Zuschauer von dem eigentlich den Konflikt auslösenden Geschehen, der Liebesbeziehung des Bürgermädchens Luise Miller mit dem adligen Major Ferdinand von Walter; in ihr stellt der Autor aber auch die Vertreter des einfachen Bürgertums gegen die Welt des Absolutismus, gegen den Adel sowie gegen das absolutistische, aus der Bürgerschicht stammende Beamtentum.

Kontrastierung der sozialen Schichten

Die wichtigsten Züge der damaligen gesellschaftlichen Gegebenheiten werden bereits hier charakterisiert: das arme, ökonomisch und rechtlich völlig abhängige, aber ehr- und traditionsbewußte (Klein-)Bürgertum in der Gestalt des Musikus Miller, dessen Verführbarkeit und dessen „Streben nach Höherem“ durch seine Frau; den seinen aus zweifelhaftem Ursprung stammenden Herrschaftsanspruch ohne Skrupel wahrnehmenden regierenden Adel durch den Präsidenten Walter, den zum Fürstendiener heruntergekommenen Hofadel in der Figur des Hofmarschalls Kalb und schließlich den durch den Verwaltungsdienst aufgestiegenen, nur diesem Dienst verpflichteten fürstlichen Beamten in der Person des Sekretärs Wurm.

Sonderrolle der beiden Hauptfiguren

Innerhalb dieser Gruppen spielen die beiden Hauptfiguren, Luise Miller und Ferdinand von Walter, eine Sonderrolle. Beide geben durch ihre Liebe zueinander den eigentlichen Konfliktstoff des Dramas ab, beide stellen aber auch die Verbindung zwischen den gesellschaftlichen Gruppen her.

Und schließlich werden beide Gestalten in ihren inneren Gefühlen dem Zuschauer vor Augen geführt.

I,1:

„Der Handel wird ernsthaft. Meine Tochter kommt mit dem Baron ins Gerede.“ (Miller)

Liebe und Standesschranken

Die erste Szene des Dramas führt in einem Gespräch zwischen dem Ehepaar Miller direkt in *medias res*.

Der Zuschauer erfährt nicht nur von der Liebe zwischen dem adligen Major und der Bürgertochter, sondern wird gleichzeitig mit der Beurteilung dieser Verbindung aus der Sicht der Eltern des Mädchens bekanntgemacht.

Eine ernsthafte Liebesbeziehung zwischen einem Bürgermädchen und einem adligen jungen Mann darf es nicht geben, wenn auch die Mutter das Unmögliche für möglich hält.

Problem des Standesunterschieds

Der Musiker sieht völlig richtig: das persönliche Gefühl der jungen Leute füreinander spielt keine Rolle, für die Öffentlichkeit zählt allein der Standesunterschied. Und öffentlich wird in einer kleinen Residenzstadt derlei leicht; aber öffentlich soll eine Verbindung seiner Tochter mit einem Mann auch werden; denn der Musiker Miller mag keine Heimlichkeiten und für eine oberflächliche Liebelei oder gar eine heimliche Liebschaft ist ihm seine Tochter zu schade. Eine ernsthafte oder gar eheliche Verbindung mit dem jungen Baron ist aber ausgeschlossen. Miller sieht deshalb in der Affäre von seiten des Ferdinand Walter nur ein sexuelles Abenteuer. Für seine Tochter aber befürchtet er

Unterschiedliche Position der Eltern Miller

Schlimmes. Denn „Mensch ist Mensch"; niemand garantiert die Widerstandskraft des unschuldigen, 16jährigen Mädchens gegenüber den Wünschen des jungen Mannes. Hier kann nur ein Machtwort des Vaters helfen.
Also bekundet Miller seine Absicht, dem Major das Haus zu verbieten. Daran ändern auch die Einwände der Frau nichts, die an die Möglichkeit einer ernsthaften Verbindung nur allzu gern glaubt.
„Ich heiße Miller." Mit diesem Bekenntnis, welches das Selbstbewußtsein und den Willen des Musikers lakonisch zusammenrafft, endet die erste Szene.

I,2:

„Dem muß man so was an die Nase heften, wenns morgen am Marktbrunnen ausgeschellt sein soll."
(Miller)

Der Kreis der Mitwisser erweitert sich: Sekretär Wurm

Der Kreis der Mitwisser um die verbotene Liebschaft erweitert sich in dieser Szene. Das von Miller befürchtete Hinaustragen dieser Angelegenheit in die Öffentlichkeit ist so gut wie sicher. Denn: der Mitwisser ist kein anderer als der Sekretär Wurm, dem die Luise so gut wie versprochen war und der nun endgültig Gewißheit davon erhält, daß seine Zukünftige ihr Herz anderweitig verloren hat. Der Glückliche ist aber der Sohn des Präsidenten, des Arbeitgebers des Sekretärs, gegen den anzutreten für den mausäugigen, rothaarigen Sekretär völlig ausgeschlossen ist. Zudem: sowohl Vater als auch Mutter machen ihm in dieser Szene klar, daß sie von ihm als Schwiegersohn nichts mehr halten.

Abweisung Wurms durch die Eltern Miller

Die Mutter gibt ihm unmißverständlich zu verstehen, daß nun, da ihre Tochter eine bessere Partie zu machen die schönsten Aussichten hat, so einer wie ein Sekretär nicht mehr in Frage kommt. Vater Miller hat erkannt, daß dieser „Federnfuchser" kein Mann ist, der seiner Tochter gerecht wird. Da er um die Gefährlichkeit eines abgewiesenen und beleidigten Wurm weiß, weist er ihn aber nicht direkt zurück, sondern erklärt, daß seine Tochter die letzte Entscheidung habe, wen sie heiraten möchte; er, der Vater, werde sie nicht in eine Ehe zwingen.

Gefahr des Bekanntwerdens der Liebschaft

So endet die Szene mit schweren Vorwürfen des Musikers an seine Frau, die durch ihr unüberlegtes „Geträtsch" die Gefahr heraufbeschworen hat, daß die Familie leicht „das siedende Donnerwetter am Halse" haben kann.

I,3 und I,4

In diesen beiden Szenen erscheinen die Hauptfiguren des Stücks, Luise Miller (I,3) und Ferdinand von Walter (I,4). Nachdem dem Zuschauer in den ersten Szenen von außen her, von seiten der Eltern und des Sekretärs Wurm, die Beziehung der jungen Leute beleuchtet wurde, erfährt er nun die „Innensicht", wird er damit bekanntgemacht, wie Luise und wie Ferdinand ihre Liebe zueinander erleben.

Erstes Auftreten der Hauptfiguren

Die „Innensicht" des Konflikts

I,3

„Der Himmel und Ferdinand reißen an meiner blutenden Seele." (Luise)

Luise Miller betritt – aus der Kirche kommend, *„ein Buch in der Hand"* – in der dritten Szene die Bühne. Bereits die ersten Worte, die sie spricht, zeigen ihren inneren Zustand und den Zwiespalt, in dem sie sich befindet, schlagartig auf: „Vater" – „Sünderin" – „er". Da sie nur ihn, Ferdinand nämlich, denken kann („Ah! ich vergaß, daß es noch außer ihm Menschen gibt"), erlebt das Mädchen eine neue Erfahrung und gerät sie in Gewissensnöte dem geliebten Vater und Gott gegenüber. Das Verhältnis zu dem jungen Mann ist also für Luise nicht unproblematisch. Dabei geht es für sie nicht, wie für die Eltern und später für den Präsidenten, um den gesellschaftlichen Standesunterschied, den sie sehr wohl kennt und erkennt. Derartige Hindernisse spielen für sie keine Rolle, denn es fällt ihr offenbar leicht zu bekennen:

Luises Zwiespalt

Luises Sicht des Konflikts

> „Ich entsag ihm für dieses Leben."

Somit hebt sich die Liebe zu dem jungen Adligen für Luise in eine andere Dimension. Ihr geht es sozusagen um die „absolute" Liebe, die auf eine Art mystisch-religiöse Vereinigung der Liebenden im Jenseits zielt:

Absolutheit der Liebe

> „dann wenn von uns abspringen all die verhaßten Hülsen des Standes – Menschen nur Menschen sind –".

Nein, das Problem für Luise ist die innere Erschütterung, die das junge Mädchen zum ersten Mal in ihrem Leben erfährt, die völlige Inanspruchnahme des Gefühls durch einen geliebten Menschen. Die Erfahrung, daß ein geliebter Mensch wichtiger ist als alles andere auf der Welt, wichtiger als Vater und Mutter, wichtiger sogar als Gott. Namentlich die Erfahrung, daß ein Mensch eines geliebten Menschen willen Gott vernachlässigen, ja sogar vergessen könnte, ist ein erschütterndes Erlebnis für Luise und reißt sie zunächst in einen Zwiespalt:

Luises Problem: die völlige Inanspruchnahme durch einen Menschen

> „Der Himmel und Ferdinand reißen an meiner blutenden Seele."

Schiller läßt Luise nun eine Theorie entwickeln, nach der sich Gott in dem geliebten Menschen offenbart und nach der die Liebe zu einem Menschen auch Liebe zu Gott ist:

Gedankliche Lösung dieses Problems

> „Ich wußte von keinem Gott mehr, und doch hatt ich ihn nie so geliebt."

I,4:

„Mir vertraue dich, du brauchst keinen Engel mehr." (Ferdinand)

Ferdinand von Walter nun erscheint in der vierten Szene als ein ganz anderer Mensch als Luise. Schon sein Auftritt (*Er springt über die Planke. Er fliegt auf sie zu.*) ist jugendlich stürmisch; Hindernisse scheinen für ihn da zu sein, daß man sie im Sturm überwindet; die Welt und Luise sind für ihn da. So sieht er in Luises bekümmertem Zustand nur die Besorgnis über die Gefahren, die ihrer Verbindung aus Standesgründen drohen. Freilich verweigert Luise ihm den Blick in ihr Inneres und bringt selber

Charakterisierung Ferdinands

Liebesbeziehung und Standesgrenzen aus Ferdinands Sicht

das Gespräch auf ihre gesellschaftliche Stellung. Wie für Luise spielen diese Zwänge für Ferdinand keine Rolle. Auch er glaubt an die Macht der persönlichen Liebe, in der „die Handschrift des Himmels“ erkennbar ist. Anders aber als Luise denkt Ferdinand an die Möglichkeit einer Verbindung der beiden vor und auf dieser Welt, ist er bereit, die gesellschaftlichen Schranken zu überwinden, die Welt um der Liebe willen herauszufordern. Die Kraft, die dieses eigentlich Unmögliche für ihn möglich machen kann, ist neben der Liebe sein „Herz“, seine eigene Person:

> „Laß auch Hindernisse wie Gebürge zwischen uns treten, ich will sie für Treppen nehmen und drüber in Luisens Arme fliegen.“

Unterschiedliche Wirklichkeitssicht der Liebenden

So nennt er Luisens Hinweise auf die soziale Wirklichkeit vernünftelnd, während er sich nur vom Gefühl und von seiner Kraft leiten läßt. Daß er damit das Mädchen in neue Konflikte reißt, in ihr „wilde Wünsche“ erweckt, ihr „den Feuerbrand in(s) junge friedsame Herz“ wirft, merkt der Brausekopf überhaupt nicht: „*Er folgt ihr sprachlos nach*“, als sie voller Verwirrung davonstürzt.

Eifersuchtsmotiv

Aber noch ein anderes wird in dieser Szene deutlich: die Inanspruchnahme der Luise durch Ferdinand. Nicht nur daß das Eifersuchtsmotiv des Ferdinand hier bereits auftaucht (eine Eifersucht, die sich nicht auf einen vermeintlichen Nebenbuhler – wie später dann – bezieht, sondern darauf, daß er nicht der einzige Gedanke des Mädchens sein könnte, nicht der einzige Mensch für sie), der junge Mann sieht in dem Mädchen auch eine Art Besitz, über den zu wachen und auch zu verfügen er ein Recht habe:

> „Ich selbst – ich will über dir wachen wie der Zauberdrach über unterirdischem Golde“ /
> „*Mir* vertraue dich. Du brauchst keinen Engel mehr.“

Ferdinands Egozentrik

Die Szene zeigt also auch den egozentrischen Menschen, den „ganzen Kerl“ in Ferdinand, der nicht nur die Welt in die Schranken ruft, sondern auch die Menschen, die er liebt, für sich beansprucht.

In der zweiten Hälfte des ersten Aktes macht uns Schiller mit der Gegenwelt bekannt, mit der Welt der absolutistischen Regierung und des Hofes. Schauplatz und Figuren wechseln (Saal beim Präsidenten; der Präsident, Sekretär Wurm – nun als Beamter am Hof – und Hofmarschall Kalb); Ferdinand von Walter tritt jetzt in der Sphäre des Adels auf (I,7).

Vorstellung der höfischen Welt

Die bisher entfaltete gesellschaftliche und persönliche Problematik der Liebe zwischen Luise und Ferdinand wird neu beleuchtet. Hierbei ergeben sich andere Fragestellungen als bei der Familie Miller. Freilich, die Frage des Standesunterschieds bleibt bestehen, wenn sie nun auch anders bewertet wird. Die Person und die Zukunft Ferdinands werden unter dem Gesichtspunkt der höfischen und politischen Karriere gesehen; eine ernsthafte Bindung an ein Bürgermädchen kann dabei nur störend wirken.

Die Liebesbeziehung aus der Sicht der höfischen Welt

Schiller schürzt einen neuen Knoten, der die Angelegenheit weiter verwickelt: die vom Präsidenten gewünschte Heirat seines Sohnes mit Lady Milford, der Maitresse des regierenden Herzogs.

Ein neuer Handlungsknoten: geplante Heirat Ferdinands mit Lady Milford

Gleichzeitig gibt Schiller hier seiner Neigung nach, die Negativfiguren seiner Dramen mit dunklen kriminellen Handlungen in der Vergangenheit zu belasten: der Präsident und sein Sekretär sind durch „gefälschte Handschriften", die dem alten Walter erst zu der Stellung als Präsident verholfen hatten, anscheinend miteinander verkettet.

Kriminelle Vergangenheit der Gegenfiguren

I,5:

„Daß er der Bürgerkanaille den Hof macht ..."
(Präsident)

In der fünften Szene – der ersten dieser Gruppe – treten gerade diese beiden Figuren auf. Wurm, wie von Vater Miller vorausgesehen, informiert den Präsidenten von der Verbindung seines Sohnes mit Luise Miller. Der Präsident reagiert nicht erstaunt, ist es doch üblich, daß junge Adlige mit „Bürgerkanaillen" ein Verhältnis haben; und der Präsident

Reaktion des Präsidenten auf das Liebesverhältnis

sieht die ganze Angelegenheit, sollte aus dem Verhältnis ein Kind entstehen, mit der gewöhnlichen Geldgabe erledigt. Wurm dagegen ist daran gelegen, den Präsidenten von der Ernsthaftigkeit der Verbindung zu überzeugen. Gelingt es dem Vater nämlich, seinen Sohn von Luise zu trennen, sieht der Sekretär seine Chance bei Millers wieder kommen.

Heiratspläne des Präsidenten

Handelt es sich bei der Liebschaft wirklich um etwas Ernstzunehmendes, so muß der Präsident dem Treiben ein Ende setzen. Er kann sich seine Pläne mit dem Sohn nicht durchkreuzen lassen; dieser soll die Maitresse des Herzogs heiraten und durch diesen Dienst für den Fürsten sich und seinem Vater eine nicht zu erschütternde Stellung am Hof verschaffen. Nur aus diesem Grund ist der Präsident bereit, Ferdinand auf den Zahn zu fühlen.

Kritik an der höfischen Moral

Bereits in dieser ersten Szene, die in der absolutistischen Welt spielt, kritisiert Schiller die moralische Verfassung des (Hof-)Adels, indem er dessen unmoralische Auffassung von Liebe, Ehe, persönlicher Bindung und persönlicher Ehre mit der vorausgehend gekennzeichneten des Bürgertums kontrastiert.

I,6:

„Nun muß ja mein Ferdinand wollen." (Präsident)

Die Rolle des Hofmarschalls

Die negative Kennzeichnung des absolutistischen Hofes wird in der sechsten Szene durch die karikierte Figur des Hofmarschalls Kalb fortgeführt; diese Hofschranze interessiert sich nur für Mode und Hofklatsch.

Kalb übernimmt es, die Absicht des Präsidenten bezüglich der Heirat seines Sohnes mit Lady Milford in der Residenz zu verbreiten.

Damit meint Präsident Walter vollendete Tatsachen geschaffen zu haben; nun könne, so glaubt er, sein Sohn nicht mehr anders, als den Willen des Vaters zu erfüllen.

I,7:

„Weil meine Begriffe von Größe und Glück nicht ganz die Ihrigen sind.“ (Ferdinand)

Einblick in die innere Verfassung Ferdinands

Die letzte Szene des ersten Aktes ist – wie die dritte und vierte – deshalb so wichtig, weil hier nicht nur der äußere Handlungsablauf weitergetrieben wird, sondern weil Schiller darin einem der Protagonisten – Ferdinand – noch einmal Gelegenheit gibt, seine innere Verfassung und seine Lebensauffassung kundzutun.

Konflikt zwischen Vater und Sohn

Mit den Heirats- und Zukunftsplänen seines Vaters konfrontiert, stellt Ferdinand in einem intensiven und stürmischen Streitgespräch mit seinem Vater seine Auffassungen von Größe, Ehre, Glück, Ehe und Liebe dar und stellt sie gegen die seines Vaters und gegen die der Praxis im absolutistischen Herrschafts- und Gesellschaftssystem.

Ferdinands Ideal vom Glück

Dem Präsidenten, der Ferdinand vorhält, daß seine Verbrechen, durch die er in der Vergangenheit erst in das Vertrauen des Herzogs und in das hohe Amt gelangt sei und die heute noch sein Gewissen beunruhigen, nur das Ziel hatten, seinem Sohn die Karriere zu ebnen, setzt dieser sein „Ideal von Glück“ entgegen:

> „In meinem Herzen liegen alle meine Wünsche begraben.“

Er verzichtet auf eine Karriere, die „Furcht, Verwünschungen, Trauer, Flüche, Verzweiflung“ anderer Menschen zur Grundlage hat, und sein persönliches Glück stellt er sich anders vor, als sein Vater geplant hat: eine Ehe hat für ihn Liebe zur Voraussetzung.

Drohung des Präsidenten / Unterlegenheit Ferdinands

Schließlich aber tappt der Jüngling in die vom Vater gestellte Falle. Der Präsident erfährt, was er wissen wollte: Ferdinand liebt das Bürgermädchen. Mit der Drohung, hinter die Geschichte zu kommen und dann – unausgesprochen – die Familie Miller zu vernichten und mit dem Befehl an den Sohn, Lady Milford seine Aufwartung zu machen, verläßt der Präsident die Bühne.
Ferdinand muß diesem Wunsch des Vaters genüge

tun. Sein Entschluß, diese Begegnung mit der Maitresse des Herzogs dazu zu nutzen, dieser den „Spiegel" seiner absoluten Moral vorzuhalten, beendet den ersten Akt.

II. Akt

Zweiteilung des 2. Aktes – zwei Handlungsstränge

Der zweite Akt spinnt die im ersten geknüpften Handlungsfäden weiter und führt zu einem ersten Höhepunkt. Der Handlungsstrang, den der Präsident geknüpft hat, die gewünschte Heirat seines Sohnes mit der Maitresse des Herzogs, füllt den ersten Teil des Aktes (Szenen 1 bis 3). Er spielt in einem *„Saal im Palais der Lady Milford"* und hat als End- und Höhepunkt die Begegnung der Lady mit Ferdinand (II,3).
Der zweite Teil des Aktes (Szenen 4 bis 7) führt zurück zur Familie Miller, spielt wieder im *„Zimmer beim Musikanten"* und hat deren Schicksal nach der Entdeckung der Liebschaft seines Sohnes mit Luise Miller durch den Präsidenten zum Inhalt.

II,1 und II,2

Vorbereitung der Begegnung zwischen Lady Milford und Ferdinand

Beide Szenen dienen der Vorbereitung der Begegnung Lady Milfords mit Ferdinand. In ihnen wird der Zuschauer mit dem Charakter und den Anschauungen der Lady sowie mit den Verhältnissen im Herzogtum bekanntgemacht. So vorbereitet kann man die von Ferdinand (in I,7) als Abrechnung gedachte Unterredung erwarten.

II,1:

„Ich habe dem Fürsten meine Ehre verkauft, aber mein Herz habe ich frei behalten." (Lady Milford)

Lady Milford als Privatperson

Schiller stellt die Milford nicht in ihrer Funktion als Maitresse des regierenden Fürsten vor, sondern zeigt sie als Privatperson.

Schon ihr Auftreten im „*Negligé*“ und „*unfrisiert*“ deutet darauf hin. In dem folgenden Gespräch mit ihrer Kammerjungfer Sophie offenbart die Lady ihr Innerstes. Die Erregung, hervorgerufen durch die ersehnte und doch gefürchtete Begegnung mit Ferdinand, von dem sie nicht weiß, wie er zu dem Heiratsplan steht, bringt die Lady dazu, der Kammerjungfer ihre innersten Gedanken und Gefühle zu enthüllen. Wir erleben die Lady als eine Frau, die sich in der oberflächlichen Umgebung des Hofes, in der sie lebt, nicht wohlfühlt, die sich nach wirklichen Menschen, nicht nach Marionetten des Fürsten sehnt. Gleichzeitig wird der Zwiespalt offenbar, in dem sich die Lady befindet: als Geliebte des Herzogs hat sie wohl die erstrebte erste Rolle am Hofe erobert, aber ihr Bedürfnis, als Mensch gebraucht, geachtet und geliebt zu werden, blieb unerfüllt. Ihrem „großen und feurigen Herzen“ fehlt der ebenbürtige Partner. Ihr inneres Gefühl ist nicht befriedigt:

Einblick in Lady Milfords Innere

Zwiespalt Lady Milfords

Unzufriedenheit mit der Mätressenrolle

> „Mein Herz hungert bei all dem Vollauf der Sinne, und was helfen mich tausend beßre Empfindungen, wo ich nur Wallungen löschen darf.“

So bekennt sie, daß sie ihr „Herz“ „frei behalten“ habe, frei behalten für einen Menschen, den sie wirklich lieben kann. Und dieser Mensch ist Ferdinand von Walter; für eine Verbindung mit ihm ist sie bereit, ihr bisheriges Leben aufzugeben und mit ihm „in die entlegenste Wüste der Welt“ zu fliehen. Was also bisher dem Zuschauer als raffinierter Plan des Präsidenten erschien, die Ehe Ferdinands mit der Maitresse des Herzogs, entpuppt sich nun als innerster Wunsch der Milford, geboren aus wirklicher Liebe zu dem jungen Major.

Lady Milfords Liebe zu Ferdinand

Zum ersten Mal im Stück spricht die Lady ihrer Kammerjungfer gegenüber die Worte aus, die dann dem gesamten Drama zum Titel wurden:

Präsident Walters Plan – in Wirklichkeit Lady Milfords Wunsch

> „Du und die Welt stehen im Wahn, sie [die Verbindung] sei eine *Hofkabale* – (...) sie ist das Werk – *meiner Liebe*.“

Mit dieser Wendung kompliziert Schiller das Geschehen weiter und macht das Gelingen der Absicht Ferdinands, der Lady seine Wahrheiten ins Gesicht zu schleudern und damit die Heiratspläne mit einem Streich zu beseitigen, fraglich.

II,2:

„Gestern sind siebentausend Landeskinder nach Amerika fort – die zahlen alles.“ (Kammerdiener)

Bekannteste Szene des Stücks

Diese Szene ist wohl die meistzitierte des Stücks, obwohl sie für den eigentlichen Handlungsablauf und für die dramatischen Konflikte lediglich als Folie dient, indem sie die unmenschlichsten Praktiken aufzeigt, mit denen der Geldbedarf für die absolutistische Hofhaltung gedeckt wurde: den Verkauf von „Landeskindern“ als Soldaten an eine kriegführende Macht, in diesem Fall an England für seinen Krieg in den nordamerikanischen Kolonien gegen die Unabhängigkeitsbestrebungen der Kolonisten.

Kritik an den absolutistischen Zuständen

Die beißende Kritik und die realistische Anklage, mit denen Schiller in dieser Szene den Soldatenhandel der deutschen Duodezfürsten geißelt, machten diese Szene so berühmt.

Schilderung des Kammerdieners

In der Schilderung des Kammerdieners, der im Auftrag des Herzogs der Lady ein überaus kostbares Brillantendiadem als Hochzeitsgabe überbringt, spiegeln sich das schreckliche Schicksal und die ganze Verzweiflung der betroffenen Untertanen.

Reaktion der Lady

Die Reaktion der Lady auf die Schilderung vom Elend der Menschen ist aber für die dramaturgische Weiterführung des Stücks wichtiger; hier zeigt Schiller nochmals den wahren Charakter der Lady auf.
Sie zeigt sich entsetzt über das Geschehen, will dem armen Mann, dessen Söhne ebenfalls verkauft wurden, helfen und entschließt sich, die Edelsteine zu veräußern – trotz der Gefahr, sich dadurch den Zorn des Fürsten zuzuziehen – und den Erlös hilfsbedürftigen Familien zukommen zu lassen:

> „Es ist besser, falsche Juwelen im Haar, und das Bewußtsein dieser Tat im Herzen zu haben.“

Mit dem Begriff „Herz“ führt die Szene wieder zu dem eigentlichen Ausgangspunkt dieses Aktes zurück: die Lady erwartet voller Unruhe den Besuch Ferdinand von Walters. Mit der Ankündigung seines Erscheinens endet diese Szene.

II,3:

„Aber ich liebe“ (Ferdinand)
„Weil ich es muß“ (Lady Milford)

Höhepunkt des Handlungsstranges

In der dritten Szene wird der Handlungsstrang um die geplante Heirat Ferdinands mit der Lady durch die Begegnung der beiden zu einem Höhepunkt geführt. Vergegenwärtigen wir uns noch einmal die Ausgangspositionen: die Verbindung, vom Präsidenten gegen den Willen seines Sohnes in Gang gesetzt, ist inzwischen publik geworden; damit, so glaubt der Präsident, könne sein Sohn nicht mehr anders, als der Heirat zuzustimmen. Ferdinand dagegen, in seinem Streben, gegen alle Widerstände der Außenwelt das Recht auf seine Liebe zu Luise zu behaupten, hat die Absicht, durch eine Unterredung mit der Maitresse eine Heirat mit ihr unmöglich zu machen. Die Lady endlich erwartet, mit dem von ihr geliebten Major ein neues Leben beginnen zu können, in dem sie ihre wahren Bedürfnisse verwirklichen kann.

Unterschiedliche Gesprächserwartungen

Zu Beginn der Unterredung hat weder Ferdinand von der Liebe der Lady zu ihm, noch hat die Lady von der Liebe Ferdinands zu Luise Kenntnis. Ferdinand sieht in der Milford nur die Geliebte des Herzogs, die ihre Ehre einem prunkvollen Leben geopfert hat und deretwegen das Land ausgesaugt wird. So glaubt er sich in einer moralisch gesicherten Position.

Konstellation in dem Dialog

Schiller stellt mit Ferdinand den idealistischen Moralisten, der nur seine Vorstellungen sieht, der Lady gegenüber, die dem Feuerkopf ihre Position entgegenhält.
So entwickelt sich eine eigenartige Konstellation in dem Dialog der beiden: der zunächst vom hohen Podest seiner angeblich unanfechtbaren Moralvorstellungen aus argumentierende Ferdinand fällt

rasch ins Gegenteil, kommt zu einer Vertraulichkeit („Ihnen mein geheimstes Gefühl nicht zurückzuhalten“ und „ich muß Ihnen ein Geständnis tun“) gegenüber einer Person, die moralisch zu vernichten er angetreten war.

Entwicklung des Dialogs

Diese Entwicklung verläuft folgendermaßen: Wie auf dem Exerzierplatz meldet der Major den Grund seines Erscheinens („Und soll Ihnen melden, daß wir uns heuraten“) und kommt dann gleich zu seinem eigentlichen Anliegen: der fürstlichen Maitresse seine Verachtung zu zeigen. Dies gipfelt in einer persönlichen Beleidigung:

> „Sobald Sie mich nur überzeugt haben werden, daß der *Preis* [d.i. die Lady] nicht schlimmer noch als das *Opfer* [d.i. der Verlust seiner Ehre] ist.“

Ferdinands Meinungsumschlag

Ein einziger Einwurf der Lady („Das hab ich nicht verdient“) wendet den Ton: Ferdinand ist nun entschlossen, vertraulich mit der Frau zu sprechen; er äußert sein Erstaunen darüber, daß „die freigeborene Tochter des freiesten Volkes unter dem Himmel“ sich an einen lasterhaften deutschen Fürsten wegwerfen konnte. Mit der darauf folgenden Ausbreitung ihres Schicksals gelingt es der Lady, den Major zu erschüttern, und die Darlegung ihres segensreichen Wirkens im Fürstentum („Ich stellte mich zwischen das Lamm und den Tiger“ und „dein Vaterland, Walter, fühlte zum erstenmal eine Menschenhand“) stürzt Ferdinand völlig in Verwirrung (*„rennt in der heftigsten Unruhe durch den Saal“*) und wirft seine ursprünglichen Pläne für die Unterredung über den Haufen („Sie sollten sich von Anklagen reinigen, und machten mich zu einem Verbrecher“).

Gegenseitige Geständnisse

Den menschlichen Forderungen der Lady an ihn („Wenn diese Unglückliche ... sich so in deine Arme wirft – durch dich gerettet“) kann er nur standhalten, indem er seinerseits zu einem Geständnis greift: er offenbart seine Liebe zu Luise und gleichzeitig seinen Entschluß, diese Liebe über alles zu stellen.

Ferdinand bedenkt die Situation nicht, nicht irgendwelche möglichen Folgen; er setzt seine Liebe absolut, stellt sie auf die höchste Stufe und mißt sie mit dem Schicksal der Menschheit:

„Mein Entschluß und das Vorurteil [d.i. die Vorsehung]! – Wir wollen sehen, ob die *Mode* oder die *Menschheit* auf dem Platz bleiben wird."

Absolutheitsanspruch von Ferdinands Liebe

Mit dem Hinweis auf die Verhältnisse hier auf Erden, auf die bestehende Situation stellt Lady Milford das Problem wieder auf eine reale Basis: die Heirat muß vollzogen werden:

„Unsre Verbindung ist das Gespräch des ganzen Landes".

Kontrastierung von idealistischer und realistischer Sicht

Die Szene hat auch deshalb eine Schlüsselfunktion, weil Schiller erneut die idealistische Sicht der realistischen gegenüberstellt. Mit aus der Tiefe der menschlichen Erschütterung stammenden Anliegen konfrontiert, bleibt dem Idealisten Ferdinand erneut nur Hilflosigkeit: *„Der Major bleibt in sprachloser Erstarrung stehn."* (Siehe auch I,4!)
Der Grund für diese Verwirrung liegt in der Isoliertheit des absolut denkenden und fühlenden Majors, der seine Gefühle, sein Schicksal nur an den höchsten Instanzen mißt, der keine wirkliche Beziehung zu seinem Gegenüber sucht und keine Rücksicht auf die reale Situation nimmt. („Das ist wider die Abrede" weiß er der Lady nur zu entgegnen. Man muß fragen: Welcher Abrede denn, mit wem getroffen? Keinesfalls mit seinem Gegenüber, allenfalls mit sich selbst.)

Offener Ausgang der Szene

Für den weiteren Handlungsgang läßt die Szene alles offen: Ferdinand bleibt entschlossen, seinem Herzen zu folgen und sich gegen die Pläne seines Vaters zu stellen: „Aber ich liebe"; die Lady wird alle Hebel in Bewegung setzen, die Verbindung mit ihm zu realisieren („Weil ich muß"), da das Gerücht von der bevorstehenden Heirat in der Residenz umläuft.

II,4 – II,7

Schauplatzwechsel: das Schicksal der Millers

Im zweiten Teil dieses Aktes wechselt der Schauplatz: diese Szenen spielen im *„Zimmer beim Musikanten"*. Damit rückt Schiller das Schicksal der

Millers wieder in den Mittelpunkt. Die Szenen zeigen die Folgen, die die Weigerung Ferdinands, eine Heirat mit der Lady einzugehen, für die Familie hat. In die Sphäre der Kleinbürger bricht die Macht der Herrschenden ein; Hilflosigkeit, Ausgeliefertsein, Angst werden sichtbar, Vernichtung droht. Die Handlung treibt zunächst einer äußeren Zuspitzung zu und führt zu einer überraschenden vorläufigen Verlangsamung im dramatischen Geschehen.

Zuspitzung und Verlangsamung des dramatischen Geschehens

II,4:

„Der Wurm hat geplaudert." (Miller)

Bekanntwerden der Liebschaft

Die Befürchtungen des Musikers, daß der abgewiesene Sekretär die Kunde von der Liebschaft in der Residenz ausstreuen werde, bestätigt sich: ein „Kerl des Ministers" erkundigt sich nach dem Musiker. Miller glaubt noch, das Schlimmste abwenden zu können, wenn er selber die Sache dem Präsidenten eröffne.

II,5:

„Der Präsident – Es ist aus mit uns." (Frau)

Drohender Schatten des Präsidenten

In dieser Szene wird Gewißheit, daß dem Zugriff des Präsidenten nicht zu entkommen ist. Ferdinands eröffnende Worte: „War mein Vater da?" stürzen die Familie Miller in Verzweiflung und führen gleichzeitig zu einer verfremdeten Situation: Ferdinand meint mit seiner Frage etwas anderes, als die Millers sie verstehen. Er denkt dabei an eine mögliche Mitteilung durch seinen Vater über die geplante Heirat mit Lady Milford und befürchtet wohl eine negative Reaktion Luises darauf; für die Millers jedoch geht es um ihre Existenz: Verhaftung, ja Vernichtung drohen durch den Präsidenten.

Paradoxe Ausgangssituation

Von dieser paradoxen Ausgangssituation her ist die Szene in ihrem Ablauf und sind die Personen in ihren Haltungen zu verstehen. Ferdinand geht es darum, Luise und den Eltern klarzumachen, daß er durch die Lady in einen Zwiespalt geworfen wurde, aber siegreich aus diesem inneren Konflikt hervorgegangen ist; Miller und seine Frau dagegen bangen um ihre Zukunft. Wieder schwingt sich Ferdinand in die reine Luft des Absoluten empor:

> „Ich will sie führen vor des Weltenrichters Thron, und ob meine Liebe Verbrechen ist, soll der Ewige sagen“ und: „Frei wie ein Mann will ich wählen, daß diese Insektenseelen am Riesenwerk meiner Liebe hinaufschwindeln.“

Er hat einen „Entschluß“ gefaßt, etwas „Ungeheuerliches“ zu tun und macht sich daran, ohne Gespür für die seelische Not seiner Geliebten, die ihn gerade jetzt braucht, fortzueilen und die völlig verstörte Familie alleine zu lassen. Miller muß ihn fast gewaltsam in die reale Situation zurückrufen.

Luise als Opfer

Luise ist das Opfer, sie wird in dieser Szene zwischen den Absolutheitsanspruch Ferdinands und der kreatürlichen Angst ihrer Eltern geworfen; sie ist an beide Seiten gebunden und erhält von keiner menschliche Hilfe. Ihr Vater, in seiner Verzweiflung, sieht nur den Major als Gegenüber:

> „Bei Gott, (*ihm seine Tochter zuschleudernd, wild und heftig*) du sollst mir zuvor diesen wimmernden Wurm zertreten, den deine Liebe zu dir so zuschanden richtete.“

Und ihr Geliebter, entschlossen Großes, aber Ungewisses zu tun, denkt nur an sich:

> „Du sollst mir bleiben.“

(Was das Mädchen wirklich gebraucht hätte, wäre die entgegengesetzte Versicherung gewesen: Ich werde dir bleiben.)

Die Szene endet effektvoll: Ferdinand *„eilt schnell fort und rennt – gegen den Präsidenten“*.

II,6 und II,7:

„Unterdessen erzähl ich der Residenz eine Geschichte, wie man Präsident wird.“ (Ferdinand)

Zuspitzung

Schiller spitzt in den letzten beiden Szenen des zweiten Aktes das dramatische Geschehen äußerst straff zu, er stellt Willkürherrschaft (Präsident) gegen Untertanenangst und Bürgerstolz (Miller), und Vater (Präsident) gegen Sohn (Ferdinand).

Drohungen des Präsidenten

Der Präsident erscheint mit Bediensteten und Gerichtsdienern, mit Vollzugsbeamten also, um die Verbindung seines Sohnes mit der „Hure" ein Ende zu machen, er schreckt vor keiner noch so erniedrigenden Beleidigung Luises und ihrer Eltern zurück und reagiert auf die Empörung des Musikers ob dieser Behandlung mit harter Willkür: „Vater ins Zuchthaus – an den Pranger Mutter und Metze von Tochter!", ja, er droht dem Musiker: „Es stehen noch Galgen leer." Das Geschehen steigert sich bis zur handgreiflichen Auseinandersetzung, in die sogar der Präsident selbst verwickelt wird – eine äußerst bewegte Handlung, die auf ihrem Höhepunkt durch eine überraschende Wendung ein Ende nimmt: Ferdinand greift zum letzten, zum „teuflischen" Mittel, um Luise zu retten. Er setzt sich über jede Rücksicht auf seinen Vater hinweg, indem er droht, die Verbrechen des Präsidenten in der Vergangenheit publik zu machen. Mit dieser Ankündigung erzielt er eine verblüffende Wirkung: der Präsident erstarrt *„wie vom Blitze gerührt"* und befiehlt den Dienern: „Laßt sie ledig".

Reaktionen Ferdinands

Scheitern der Intrige des Präsidenten

Mit diesem überspitzten Abschluß der Szene wird das dramatische Geschehen abrupt verlangsamt: die bisherigen Handlungsfäden der „Kabale" sind gerissen, der Plan des Präsidenten ist gescheitert, die (äußere) Gefahr für die Millers vorerst gebannt.

Realistisches Handeln Ferdinands

Ferdinand handelt hier das erste Mal im Stück realistisch, tritt den Gegenspielern mit gleichen Mitteln entgegen. (Oft wird auf die psychologische Unwahrscheinlichkeit im Verhalten des Präsidenten hingewiesen. Der sonst so kluge und intrigengewohnte Mann hätte wissen müssen, daß er einem idealistischen Moralisten wie seinem Sohn nie das Geheimnis seiner Verbrechen hätte anvertrauen dürfen. Solche Überlegungen sind müßig, weil unschillerisch. Dem Dichter kam es eigentlich nie auf psychologische Wahrscheinlichkeit an, sondern stets auf dramatische Effektivität.)

Statt psychologischer Wahrscheinlichkeit – dramatische Effektivität

Wie in der Theaterpraxis üblich, folgt auf den zweiten Akt eine Pause in der Aufführung. Schiller hat diesen Einschnitt dramaturgisch geschickt genützt.

III. Akt

Neuer Handlungsknoten: die zweite Intrige

Im dritten Akt setzt die Kabale neu an, nachdem der erste Plan des Präsidenten gescheitert ist. Das Vorgehen der Herrschenden nimmt keine Rücksicht mehr auf irgendeine Menschenwürde der Angegriffenen; es schließt deren Vernichtung mit ein.

Die drei Teile des III. Aktes

Es ist der Akt des Sekretärs Wurm und des Opfers Luise. Im ersten Teil des Aktes entwickeln Wurm und der Präsident den neuen Plan (Szenen 1 bis 3), mit dessen Hilfe Ferdinand endgültig von Luise getrennt werden soll. Die vierte Szene stellt einen Einschnitt in das Geschehen der Kabale dar; hier werden die Positionen der beiden Liebenden zu diesem Zeitpunkt der Entwicklung gezeigt. Im letzten Teil des Aktes (Szenen 5 und 6) vollzieht sich der teuflische Plan des Sekretärs an seinem Opfer Luise.

III,1:

„Machen Sie ihm das Mädchen verdächtig.“ (Wurm)

Menschen als Objekte der Herrschenden

Schiller benutzt diese Szene, um noch einmal die menschenverachtende Denkweise und Handlungsart der Herrschenden anzuklagen. Für sie sind Menschen nur Objekte, mit denen sie nach Belieben umspringen können.

Im *„Saal des Präsidenten“* treffen sich dieser und sein Sekretär Wurm. Der Präsident muß bekennen:

> „Der Streich war verwünscht.“

Wurms neuer Plan

Aber seine Kreatur und Mitverschwörer bei den früheren Verbrechen weiß Abhilfe. Der „Lehrling“ erweist sich dem „Meister“ im Aushecken teuflischer Pläne überlegen. Wurm entwickelt das neue Vorgehen; Ferdinand soll an seiner schwachen Stelle gepackt werden, an seiner Eigenliebe. Der bürgerliche Schurke kennt die Menschen besser als der aristokratische: Ferdinand liebt seine eigene Liebe mehr als die Geliebte, er ist also geradezu prädestiniert für die Eifersucht:

„Machen Sie ihm das Mädchen verdächtig."

Ansatzpunkt: Ferdinands Eifersucht und Luises Liebe zum Vater

Dazu benötigt man aber die Mithilfe des geradlinigen, einfachen Bürgermädchens. Wie ist diese dazu zu bewegen, den Geliebten zu hintergehen? Auch hier weiß Wurm Rat: Der Hebel ist Luises Liebe zu ihrem Vater. Bringt man den Vater in Gefahr, so ist die Tochter zu vielem, wenn nicht zu allem bereit. („Sie *muß* in die Falle gehen"). Daß sie dem Major das Vorhaben verschweigen wird, dafür wird ein abgezwungener Eid sorgen; denn „bei *dieser* Menschenart" gilt ein Eid etwas, weiß Wurm den zweifelnden Präsidenten zu beruhigen. So wird Luise, dessen ist sich Wurm sicher, den geforderten Brief an einen fingierten Geliebten schon schreiben. Das notwendige Medium, um bei Ferdinand die Eifersucht zu erzeugen, ist schnell gefunden: der Hofmarschall Kalb.

Gewalt gegen das Bürgermädchen

Schiller stellt in dieser Szene klar: Opfer können nur die Bürger sein, der Adelssohn wird geschont, ihn braucht man für die weiteren Pläne. List also wird angewandt in bezug auf den Major, nackte Gewalt aber gegen das Mädchen.

III,2 und III,3:

„Nun gehts nach Wunsch." (Präsident)

Kalb als Mitspieler der Intrige

Die beiden Szenen zeigen, daß die Voraussetzungen für das Gelingen des Planes geschaffen sind. In der zweiten Szene überzeugt der Präsident den ängstlichen Hofmarschall davon, daß diesem keine andere Wahl bleibt, als in der Kabale mitzumachen. In der dritten berichtet Wurm, daß Miller und seine Frau „in Verhaft" gebracht worden sind.
Das teuflische Spiel mit Menschen kann beginnen.

III,4:

„Laß mich die Heldin dieses Augenblicks sein."
(Luise)

Die Szene lenkt das Augenmerk auf die beiden Hauptfiguren zurück. Schiller stoppt den rasanten Gang der Intrige und zeigt einen Blick in die innere Verfassung der beiden Liebenden an diesem Punkt der Ereignisse. Er bringt damit in die Handlung eine Tiefenstruktur des Menschlichen hinein. Die Szene hat eine entscheidende Gelenkfunktion für den „inneren Konflikt" zwischen den beiden Hauptfiguren: der Verfasser stellt Ferdinands Begriff der „Liebe" dem der „Pflicht", wie Luise ihn sieht, entgegen. Insofern ist diese Szene als die Peripetie (die entscheidende Schicksalswende im Drama) zu sehen. Der Major entwickelt seinen konkret-realistischen Plan (Flucht), Luise verweigert sich wegen der Bindungen an ihren Vater und wegen ihres Wissens um die menschlichen Unzulänglichkeiten. Sie ruft damit den völlig unbegründeten eifersüchtigen Verdacht ihres Geliebten hervor.

Blick ins Innere der beiden Liebenden

Peripetie des Stückes

Innerer Konflikt zwischen den beiden

Ferdinand betritt die Szene hochgestimmt; jetzt ist die äußerste Gefahr da, die er benötigt, um einen „Gedanken, groß und vermessen" zu denken, um seine Liebe wirklich absolut zu setzen („*Du,* Luise, und *ich* und die *Liebe!* – Liegt nicht in diesem Zirkel der ganze Himmel? oder brauchst du noch ein Viertes dazu?"), um den „Riesensprung" zu wagen, sich über alle Standesgrenzen, über alle Rücksichten des Sohnes gegenüber dem Vater endlich hinwegzusetzen, mit Luise zu fliehen.

Hinwegsetzen über die Standesgrenzen

Die Erinnerung Luises an die Pflicht, die der Mensch hat, läßt den Himmelsstürmer ins Leere fallen. Er kann nichts anderes denken als seine Liebe, und so ist erklärbar, daß er den geliebten Menschen, der er eben noch als Engel seiner Leidenschaft gesehen hat, nun geradezu niedrig verdächtigt:

Ferdinands Eifersucht

„Ein Liebhaber fesselt dich."

So kann nur ein in seine eigene Liebe Verliebter, ein der realen Situation völlig Entrückter denken.
Die Motive Luises für ihre Haltung sind vielschich-

Motive Luises

tig: sie fühlt eine Verpflichtung gegenüber ihrem Vater, den sie in der Stunde der Not nicht verlassen kann, sie sieht auch eine Sohnespflicht Ferdinands gegenüber dem Präsidenten, der Sohn darf den Vater nicht vernichten. Sie erkennt und anerkennt die Schranken der Standesgesellschaft. Im „Frevel" mit Ferdinand leben, das kann sie sich nicht vorstellen, und Frevel wäre ein auf solche Voraussetzungen aufgebautes gemeinsames Leben, das „die Fugen der Bürgerwelt auseinandertreiben, und die allgemeine ewige Ordnung zugrunde stürzen würde". Aus diesen Gründen entsagt sie dem Geliebten. (Siehe auch Luises Position in I,3.)

Neue Bereitschaft zum Verzicht

Schiller stellt in dieser Szene Luise als die Handelnde dar, die bereit ist, Verantwortung und Entscheidung auf sich zu nehmen und die persönlichen Folgen zu tragen:

> „*Ich* bin die Verbrecherin ..., mein Unglück ist meine *Strafe,* so laß mir doch jetzt die süße, schmeichelnde Täuschung, daß es mein *Opfer* war."

Ferdinand erkennt auch in dieser Situation nicht die seelische Not des Mädchens; er fühlt in einer anderen Dimension: in *„Zerstreuung und Wut"* zerstört er eine Violine, hört dem Mädchen nicht einmal richtig zu. In dieser symbolisch zu verstehenden Handlung bringt Schiller dem Zuschauer den „inneren Konflikt" der beiden Figuren gleichsam schlaglichtartig zu Bewußtsein.

Ferdinands Unverständnis

Man hat die Haltung der Luise als vom kleinbürgerlichen Bewußtsein her geprägt gedeutet, in ihr den nichtemanzipierten, von vorgegebenen Normen abhängigen unmündigen Menschen gesehen. Dabei wird vor allem die Gleichsetzung der „Bürgerwelt" mit der „ewigen Ordnung" durch Luise herangezogen. Genauso berechtigt ist jedoch die andere Sicht: Luise als der Mensch mit echten ethischen und religiösen Bindungen, als die Figur im Stück, die als einzige wirkliche menschliche Gefühle besitzt, aber auch als ein Mensch, der seine eigenen Grenzen und die seiner Mitmenschen zumindest fühlt und dementsprechend handelt. Schließlich nimmt sie Verzweiflung, Vereinsamung in Kauf, überwindet ihre

Bewertung von Luises Haltung

Gefühle, um der Notwendigkeit gerecht zu werden. Die Schlüsselworte dieser Szene – „Liebe“ und „Pflicht“ – stellen einen für Schiller typischen dramatischen Konflikt dar.

Liebe – Pflicht – Konflikt

III,5 und III,6:

„Nunmehr ist alles gleich. Diktieren Sie weiter.“ (Luise)

Schiller zeigt in den beiden letzten Szenen des dritten Aktes, wie das Netz, in dem sich Ferdinand verfangen soll, über Luise geworfen wird.

Durchführen der Intrige

Luise, von Ferdinand *„schnell verlassen“*, muß in dieser verzweifelten Lage dem Sekretär gegenübertreten. Wie vorauszusehen kann das völlig verwirrte Mädchen dem gewissenlosen, mit allen Mitteln seelischer Grausamkeit arbeitenden Wurm nicht Widerstand leisten. Der Sekretär treibt Luise so in die Enge, daß sie den verhängnisvollen Brief an den scheinbar Geliebten schreibt:

Erpressung durch Wurm

> „Nunmehr ist alles gleich. Diktieren Sie weiter. Ich denke nichts mehr. Ich weiche der überlistenden Hölle.“

Die Not, in der sich Luise befindet, wird auf den Höhepunkt getrieben. Wurm jagt das geplagte Menschenkind Luise kaltblütig in höchste Verzweiflung:

> „Luise (*die Hände ringend auf und nieder*): Nein! Nein! Nein! Das ist tyrannisch, o Himmel! Strafe Menschen menschlich, wenn sie dich reizen, aber warum mich zwischen zwei Schröcknissen pressen? Warum zwischen Tod und Schande mich hin und her wiegen? Warum diesen blutsaugenden Teufel mir auf den Nacken setzen?“

Verzweiflung Luises

Der dritte Akt endet mit dieser qualvollen Szene und entläßt den Zuschauer in einer bedrückenden Gewißheit: die Kabale scheint diesmal so fein gesponnen, daß sich Ferdinand in ihr verfangen und daß Luise ihr Opfer werden wird.

Spannung auf den Fortgang

IV. Akt

Die Zweiteilung des IV. Aktes

Der vierte Akt mit seinen neun Szenen zerfällt in zwei wenig zusammenhängende Teile. In den Szenen 1 bis 5 konkretisiert sich die Eifersucht Ferdinands; die Szenen 6 bis 9 stellen die beiden Frauengestalten – Lady Milford und Luise – einander gegenüber.

Verzögerung des dramatischen Handlungsgangs

Für den dramatischen Handlungsgang des Stückes hat der vierte Akt wenig Notwendigkeit. Die entscheidenden Schläge der Kabale erfolgten bereits im dritten Akt, genauso wie die Entfremdung der beiden Liebenden voneinander (III,4). Ferdinand ergab sich der Eifersucht; was nun folgt, ist eine Steigerung bis hin zur zerstörenden Leidenschaft. Luise hat sich von ihrem Geliebten gelöst, mußte sich der Kabale ergeben.

Frage nach der dramaturgischen Funktion

So hat dieser Akt den Interpreten stets Rätsel aufgegeben, ist er häufig kritisiert, seine dramaturgische Überflüssigkeit herausgestellt worden. Diese Einwände beziehen sich vor allem auf den zweiten Teil des Aktes. Die in der Auseinandersetzung mit der Lady gezeigte „Verwandlung Luises aus der kleinbürgerlichen Zagheit in den fast hochmütigen Stolz, mit dem sie jetzt der Lady gegenübertritt" beinhalte einen „Verstoß gegen die Konsequenz der Charaktere". (H. Rieschbieter, Schiller, 1. Band, 1975, S. 61f.) Der heroische Verzicht der Lady auf Ferdinand und auf ihr Leben am Hof wird als wenig überzeugend begründet kritisiert.

Schiller gibt hier seinem Hang zu effektvoller Kontrastierung nach – zu Lasten der Kontinuität seiner Figuren:

> „Gerade das, was uns heute die Begegnung zwischen der Lady und Luise so schwer erträglich macht, erklärt sich ohne weiteres aus der Neigung des jungen Schiller, solche Kontrast-Szenen ganz und gar auszuschöpfen: die Konsequenz aus der Situation, das Verlangen nach Wirkung, genauer nach Rührung – sie machen Luise zur altklugen Demonstrantin ihres Jammers, die Lady zur aufgedonnerten Grandedame. Die bravouröse Beredsamkeit beider Frauen, die ihre Paradeszene haben,

> [...] hebt sich dergestalt notwendig ab von dem vorhergehenden Ausdruck beider Figuren."
> (Gerhard Storz, Der Dichter Friedrich Schiller, 1959, S. 107f.)

Anders kann dieser Akt von der dramatischen Komposition des Stückes aus beurteilt werden.

> „Der vierte Akt erhält seinen Antrieb durch die Verkehrung der Situation infolge des Gelingens der Intrige: der Präsident gibt scheinbar nach, Lady Milford verzichtet. Nach drei ungemein beschleunigten, handlungsgedrängten Akten ist der langsamere Gang des vierten durchaus im Sinne einer dramatischen Ökonomie ... Sein Thema muß sein: einerseits die Wirkung der von Wurm ausgeheckten Machenschaften zu zeigen, andererseits zu der Katastrophe überzuleiten, die von den Ränkeschmieden nicht einberechnet worden ist."
> (Gerhard Storz, a.a.O., S. 105.)

IV,1 bis 3:

„Jetzt erwach ich, jetzt enthüllt sich mir alles!"
(Ferdinand)

Ferdinands Irrtum

In diesen Szenen geht die Saat, von den Intriganten ausgestreut, auf. Ferdinand ist der verhängnisvolle Brief in die Hände gespielt worden, und er reagiert so, wie vorausgesagt: unbesehen glaubt er den Betrug. In einem großen Monolog macht er seinem Herzen Luft. Die Reaktion des Majors entbehrt nicht der Ironie: er, der sich von allen Vorurteilen frei fühlte, der sich nur auf sein „Herz" verließ, ist nun ‚von allen guten Geistern' verlassen und unfrei.

> „Ein unerhörter, ungeheurer Betrug, wie die Menschheit noch keinen erlebte!",

diese Worte Ferdinands beziehen sich nicht auf die Falle, in die er hineingetappt ist, sondern auf die angebliche Untreue seiner Geliebten. Ohne den Wahrheitsgehalt des Briefes zu prüfen und ohne Aussprache mit Luise rast er in seiner Enttäuschung, fordert er in IV,3 den angeblichen Rivalen zum Duell, hört das in Todesfurcht herausgestoßene

Bekenntnis des Hofmarschalls überhaupt nicht und läßt ihn voller Verachtung nur deshalb laufen, weil er die Wahrheit wiederum für Betrug hält.

IV,4 und 5:

„Ich einst ihr Gott, jetzt ihr Teufel." *(Ferdinand)*

Ferdinands anmaßende Haltung

In dem Monolog (IV,4) maßt sich Ferdinand erneut an, seine Gefühle mit der Vorsehung zu messen:

> „Richter der Welt! Fordre sie mir nicht ab. Das Mädchen ist mein."

Aber welche Umkehrung: mit derselben absoluten Unbedingtheit, mit der er bisher seine Liebe in verklärte Höhen hinaufidealisierte, tritt er nun in seiner zerstörerischen Leidenschaft den Weg in die Vernichtung an. Er entwickelt, welche Folgen er aus dem angeblichen Betrug Luises zu ziehen gedenkt:

Weg in die Vernichtung

> „Die Vermählung ist fürchterlich – aber ewig!"

Tragikomische Verblendung Ferdinands

Die fünfte Szene zeigt den Grad der Verblendung Ferdinands von einer fast tragikomischen Seite: in seiner Eifersucht gefangen wirft sich der Major in die heuchlerisch ausgebreiteten Arme seines Vaters. Nur das Ende der Szene weist auf die kommende Entwicklung hin: der Präsident spürt etwas von der kommenden Katastrophe, die von der „fürchterlichen" Raserei seines Sohnes ausgehen kann.

IV,6 und 7:

„Nehmen Sie ihn denn hin, Mylady." *(Luise)*

Mit der 6. Szene wechseln der Schauplatz und die Personen; die folgenden Szenen spielen im *„sehr prächtigen Saal bei der Lady"*, wo die beiden weiblichen Hauptfiguren zusammengeführt werden.

Konfrontation von bürgerlicher und adliger Moralauffassung

Für den Gang der Handlung ereignet sich nichts Neues, doch für die innere Wahrheit des Dramas haben diese Szenen durchaus ihre Berechtigung, weil Schiller in diesen Szenen das große Thema

seines Stückes, die Auseinandersetzung zwischen Adel und Bürgertum, noch einmal effektvoll präsentiert.
Hier geht es nicht um die Auseinandersetzung zwischen zwei Frauen, die ein und denselben Mann lieben; stellvertretend findet die Konfrontation von bürgerlicher und adliger Lebensweise und Moralauffassung statt: die „bürgerliche Unschuld" gegen die große adlige Dame.

Überlegenheit Luises

Im Mittelpunkt des Geschehens steht Luise, die sich ihrer Rivalin überlegen zeigt.
Diese Konstellation kann leicht aus den Regieanweisungen, die den Zustand der Agierenden widerspiegeln, ersehen werden. Luise: *„groß, mit entschiedenem Tone"*, *„gelassen und edel"*, *„fein und scharf (der Lady) in die Augen sehend"*, *„standhaft"*, *„gedankenvoll"*; Lady Milford: *„geschraubt"*, *„in Entrüstung zurückfallend"*, *„errötend"*, *„in großer innerer Bewegung"*, *„betroffen"*, *„heftig bewegt, in den Sofa sich werfend"*, *„mit einer Heftigkeit, die nach und nach bis beinahe zum Toben steigt"*, *„jetzt gefaßt"*. Diese Gefühlsschwankungen zeigen die Verwirrung der Lady, in die sie durch Luise gestürzt wird. Ihr Angebot schließlich, Luise als „Freundin", als „Schwester" gar zu umarmen, beruht auf einem Mißverständnis dessen, was Luise will. Diese, die Ferdinand bereits aufgegeben hat, belastet das Gewissen ihrer Rivalin:

> Jetzt ist er *Ihnen!* Jetzt, Mylady, nehmen Sie ihn hin! Rennen Sie in seine Arme! Reißen Sie ihn zum Altar – Nur vergessen Sie nicht, daß zwischen Ihren Brautkuß das *Gespenst* einer *Selbstmörderin* stürzen wird – Gott wird barmherzig sein – Ich kann mir nicht anders helfen. *(Sie stürzt hinaus)*

IV,8 und 9:

„In deine Arme werfe ich mich, Tugend." (Lady)

Entscheidung der Lady Milford

In den beiden letzten Szenen des vierten Aktes wird der Abgang der Lady effektvoll dargestellt. *„Erschüttert und außer sich"* über das Schicksal Luises und Ferdinands entschließt sich die Lady, ihrem bisherigen Leben und ihrer Hoffnung, die sie auf den Major gesetzt hatte, zu entsagen, von der „Lady Milford“ wieder zur stolzen Britin „Johanna Norfolk“ zu werden.

V. Akt

Das Scheitern der Figuren in der Katastrophe

Im letzten Akt des Dramas vollzieht sich die Katastrophe. Schiller führt hier alle wichtigen Personen des Stücks noch einmal zusammen (bis auf Lady Milford und die Millerin, deren Funktion für den Gang der Handlung schon früher abgeschlossen wurde). In dieser Katastrophe scheitern alle Gebundenheiten, Vorstellungen und Pläne, in und mit denen die Figuren lebten und agierten: die Gebundenheit der Luise ebenso wie die scheinbare Absolutheit Ferdinands, die einfache Geradlinigkeit des Musikers wie die infame Verschlagenheit des Präsidenten und des Sekretärs. Weder siegt die niedrige „Kabale“, noch triumphiert die erd- und menschenentrückte „Liebe“. Nicht der idealistische Held, dessen Absolutheitsanspruch ihn in eine Verblendung führt, die ihn die realen Gegebenheiten und sein menschliches Gegenüber nicht erkennen lassen, noch die skrupellos schlau eingefädelte Intrige der Gegenspieler siegen. Als eigentlich tragische Figur zeigt sich Luise, deren echter Zwiespalt zwischen ihrer absolut empfundenen Liebe und ihrer Gebundenheit an Gott und noch mehr an ihren Vater das Mädchen in eine tragische Ausweglosigkeit führt, der mit ihrem Untergang endet, der ihre innere Haltung jedoch bestätigt. Was bleibt am Schluß des Trauerspiels?

Luise – die eigentlich tragische Figur des Stücks

Das Gericht der Transzendenz

> „Immer mehr beherrscht das Bild des richtenden Gottes die Szene, und nun geht es nur noch um das theologische Problem der Verantwortung für unser menschliches Tun. [...]
> Immer wieder wird in diesem Drama der ‚Richter der Welt‘ angerufen, und das darf und soll man nicht überhören. Schiller hatte mit ‚Louise Millerin‘ das Antagonistische im gesellschaftlichen Prozeß, der mit der Trennung von Macht und Religion mehr

und mehr ins unaufhaltsam Tragische geriet, bis zum Äußersten zugespitzt. Der Isolierung einer amoralisch gewordenen Adelsgesellschaft stand die Isolierung einer ohnmächtig gewordenen bürgerlichen Religion gegenüber. Ja, auch der Versuch des Idealisten der Liebe, als ein Bürger des Universums über die Klassengegensätze hinauszugreifen und von sich aus, nur aufgrund der eigenen Person, eine neue, allein vom Menschlichen getragene Welt der Liebe zu erschaffen, mußte scheitern, weil sich aus den Ordnungen der Geschichte selbst dann nicht heraustreten läßt, wenn sie bereits in einem Prozeß der Auflösung begriffen sind. Ferdinands Tragik ist es, daß ihm, der an der absoluten Bindung festhalten will, am Ende jede Bindung unmöglich wird und er rettungslos in den Sog einer Katastrophe hineingerät. Noch einmal ruft der junge Schiller das Gericht der Transzendenz an, damit es den Seelenmord an Ferdinand und Luise bestrafe und die bis an die Wurzel erkrankte Gesellschaft vor das Forum der Ewigkeit stelle. Als ein solches Tribunal ist die Schlußszene gemeint. [...]

Das Tribunal der Schlußszene

In ‚Louise Millerin' kehren fast alle bisherigen Motive noch einmal wieder: der Gedanke einer ewigen richtenden Ordnung, die dem vermessenen Willen des einzelnen, der das Gericht Gottes in eigene Regie nehmen will, übergeordnet bleibt; die soziale Kritik an einer unsittlich gewordenen Gesellschaft; der Subjektivismus des ‚Herzens' und der fordernden Liebe, aber ebenso die Macht einer auf dem Bösen der Intrige aufgebauten Position; dennoch müssen beide, die ‚Liebe' und die ‚Kabale', ihren Anspruch vor dem Angesicht Gottes liquidieren."
(Benno von Wiese, Friedrich Schiller, 1959, S. 217f.)

Die entscheidenden Motive

V,1

„Ist lieben denn Frevel?" – Verbrecherin, wohin ich mich neige!" (Luise)

Der fünfte Akt beginnt düster: *„Abends zwischen Licht"*. Luise *„sitzt stumm und ohne sich zu rühren in dem finstersten Winkel des Zimmers"*. Dieser stumme Auftakt (*„nach einer großen und tiefen Pause"*) zeigt die Stimmung des Untergangs an, aber auch speziell den Zustand des Mädchens:

Stimmung des Untergangs

„Der Kampf ist entschieden."

Bereitschaft Luises zum Selbstmord: idealistische Überwindung des Konflikts zwischen Pflicht und Neigung

Dieses Bekenntnis macht deutlich, daß Luise den Zwiespalt, in dem sie während des ganzen Stückes stand, innerlich abgeschlossen hat. Sie ist zum Selbstmord bereit, glaubt darin die Lösung aus ihrer verzweifelten Lage zu sehen und ihren Frieden zu finden. „Seine Luise ist lustig", bekennt sie ihrem Vater, der aus der Haft entlassen wurde, und meint dies nicht ironisch. Es bezeichnet dies eine „Heiterkeit", in der sich die Schillerschen Helden nach der (moralischen) Überwindung der „harten Notwendigkeit" befinden, ein „heiterer" Zustand, der die innere Zerrissenheit zwischen der intendierten Freiheit des Menschen und der auf ihn einstürmenden Gewalt von außen ablöst – eine idealistische Überwindung der realistischen Zustände der Welt, eine Ablösung aus den einengenden Bindungen in dieser Welt. Den Konflikt zwischen „Pflicht und Neigung" hat Luise hinter sich gelassen.
Die Warnungen Millers vor der schwersten aller Sünden vor Gott und die Erinnerungen an die Kindesliebe zum eigenen Vater stürzen Luise erneut in einen Konflikt:

„Was soll ich? Ich kann nicht! Was muß ich tun?"

Das Mädchen wird wieder zwischen ihr „Herz" und der von ihr verlangten „Pflicht" gestellt. Was bereits Antwort war, wird wieder Frage:

„Ist *lieben* denn Frevel, Vater?"

Änderung des Entschlusses: Pflicht vor Neigung

Die Pressionen des Vaters führen Luise zu einer anderen Entscheidung, als wie sie sie selber bereits getroffen hatte. *„Nach einem qualvollen Kampf"* entschließt sie sich für die Bindung an den Vater. Die „Pflicht" siegt über das „Herz", doch mit dem Preis der inneren Zerrissenheit. Vorbei ist die „Heiterkeit" des Gemüts, es bleibt die Verzweiflung:

„Verbrecherin, wohin ich mich neige!"

V,2:

„Eine Lüge, Luise – eine Lüge!“ (Ferdinand)

Das Erscheinen Ferdinands in der zweiten Szene macht den Zwiespalt, in den Luise erneut geraten ist, deutlich. Nicht entschlossen und fest in ihrer Haltung, sondern in der Furcht, von ihrer gerade erst gefaßten Entscheidung wieder abzukommen, begegnet Luise dem Major. Voller Entsetzen ruft sie aus:

Luises Zwiespalt – Ferdinands Forderung

> „Da ist er! Ich bin verloren!“

Der innere Kampf, in den Luise gerät, der sie zögern läßt, wird erneut von Ferdinand mißverstanden; er sieht darin nur ein „überraschtes Gewissen“, sieht sich in seinem Verdacht bestätigt. Wieder verkennt Ferdinand die Situation; er drängt Luise, die Wahrheit zu sagen („Schriebst du diesen Brief?“), gleichzeitig wünscht er sich aber, daß sein Verdacht unbegründet sei:

> „Eine Lüge, Luise – eine Lüge!“

Die Entscheidung wird wieder dem Mädchen überlassen. Ihr Charakter läßt nur eine Antwort zu:

> „Ich schrieb ihn.“

Entfremdung der Liebenden

„Ferdinand will einen Teufel entlarven und muß von einem Engel hören, was er im Grunde nicht hören will.“ (B. v. Wiese) An dieser entscheidenden Stelle der Handlung wird wiederum ersichtlich, wie sehr die Entfremdung zwischen den beiden Liebenden mit zu der nun einsetzenden Katastrophe führt. Damit ist die Entscheidung gefallen: Ferdinands Entschluß, seine Geliebte und sich zu vergiften, steht nun fest.

> „Willst du mir ein Glas Limonade zurechtmachen?“

So endet die Szene.

V,3 bis V,6:

„Ja, sie soll dran! Sie soll!“ (Ferdinand)

Ferdinands Entschluß zum Mord an der Geliebten

Die Szenen beleuchten den fürchterlichen Entschluß Ferdinands von verschiedenen Seiten.
Das Verhalten des Vaters in diesen Szenen ist nur erklärbar durch die Tatsache, daß er von dem Inhalt des Briefes der Luise an den Hofmarschall und von dessen Entstehen unter dem Druck des Sekretärs nichts weiß; er glaubt, Luise habe darin endgültig auf ihren Geliebten verzichtet. Auch der Vater verkennt also die Situation, in der sich seine Tochter befindet. Die Überlegungen, die Ferdinand während des retardierenden Monologs (V,4) anstellt, die Gewissensbisse, dem Vater die einzige Tochter zu rauben, ändern seinen Entschluß zur Tat nicht. So ist die große Summe Geldes, die er Miller angeblich als Entgelt für den Musikunterricht anbietet, eher ein Ausdruck der Hilflosigkeit des Majors. Und das merkwürdig groteske Gebaren des Musikers angesichts des „Goldes“ ist zu verstehen aus der armseligen Lage des Kleinbürgers zu jener Zeit und aus der Überzeugung des Vaters, mit seiner Tochter ein neues Leben beginnen zu können. Unbekümmert entfernt er sich und läßt seine Tochter mit Ferdinand zurück. Die Abwesenheit der beiden Millers (Luise begleitet ihren Vater zur Tür) benutzt der Major, Gift in die Limonade zu schütten.

Ferdinands Vermessenheit

In der Begründung, die Ferdinand dieser Handlung sich selber gegenüber gibt, zeigt Schiller noch einmal die ganze Vermessenheit des sich absolut setzenden Ichs:

> „Die oberen Mächte nicken mir ihr schreckliches Ja herunter.“

Ferdinand fühlt sich stets im Recht, glaubt also auch jetzt nur, „die Rache des Himmels“ zu vollziehen. Zweifel am eigenen Ich, am eigenen Tun, die sich aus einer Einbeziehung der Lage des Du ergäben, kennt er nicht. Die Liebe, die er für Luise empfindet, verdient den Namen kaum – Ferdinands Liebe kennt keine Einfühlung ins Gegenüber, sie geht von einem Objekt-, nicht Subjektcharakter der geliebten Person aus und impliziert totale Verfügungsgewalt über die geliebte Person.

V,7:

„Ich sterbe unschuldig." (Luise)

Die Todesszene der Luise läßt Schiller – theatralisch wirkungsvoll und dramaturgisch bedeutsam – beginnen durch *„großes Stillschweigen, das diesen Auftritt ankündigen muß"*. Zu diesem atemlosen Beginn, in dem die Entfremdung der beiden Figuren durch ihre Stellung auf der Bühne unterstrichen wird (Luise – *„stellt sich auf die entgegengesetzte Seite";* Ferdinand – *„steht auf der anderen Seite und sieht starr vor sich hinaus"*), scheinen die oberflächlich konventionellen Sätze Luises im Gegensatz zu stehen. Genau betrachtet aber unterstützt dieses „Partygeplauder" Luises nur die Spannung, mit der die Szene eröffnet wird. Ferdinand begegnet dieser eigentlich sprachlosen Hilflosigkeit Luises zunächst mit Stillschweigen, dann mit Zynismus. Hier reden zwei Menschen nicht miteinander, nicht einmal nebeneinander her, sondern voneinander weg. Ferdinand hört aus den wenigen Worten Luises das, was ihn in seinem „Recht" nur bestätigt:

Atemloser Beginn

Entfremdung zwischen den Liebenden

> „Also leichtsinnig warst du nicht – dumm warst du nicht – du warst nur ein Teufel."

Diese ‚Erkenntnis' treibt ihn zur Ausführung der Tat; er läßt Luise von der vergifteten Limonade trinken.
Wieder zeigt Schiller den jungen Helden als einen in die Irre Geleiteten, dessen Irrtümer darauf beruhen, daß er nicht in der Lage ist, sein Gegenüber wirklich zu erfassen. Selbst in der Todesstunde der Geliebten weiß er nichts anderes, als sie mit seinen inquisitorischen Fragen und Anklagen zu quälen:

> „Warum hast du mir das getan?" und „Hast du den Marschall geliebt?"

Auf das Bekenntnis der Wahrheit durch Luise, die sich im Tod nicht mehr an ihren Eid gebunden fühlt,

Luises Unschuldsbekenntnis im Tod

erstarrt Ferdinand und *„fällt endlich wie von einem Donnerschlag nieder"*.

Ferdinands Reaktion

Das, was er eigentlich zu erfahren gehofft hatte, Luises Unschuld nämlich, trifft den realitätsfremden ‚Idealisten', nur in sein eigenes „Herz" Verstrickten unvorbereitet, ‚haut ihn um', im wahrsten Sinne des Wortes. Doch selbst in dieser Situation gelten seine Gefühle nicht der sterbenden Geliebten; er denkt zuerst an Rache, befürchtet, sein „Mördervater" könne seinem Schicksal entgehen; höherer Ziele wegen, die Gerechtigkeit des Ewigen zu vollbringen, übersieht er das menschlich Naheliegende. Angesichts des im Todeskampf liegenden Mädchens *„reißt (er) den Degen heraus" „im Ausdruck unbändigster Wut"*. Erst über der toten Luise fällt er nieder und bekennt, was er schon früher hätte erkennen müssen: „Engel des Himmels".
Fremd, wie sich die beiden Geliebten schon länger waren, so scheidet sie der Tod.

Letzte Szene:

„Arm in Arm mit dir zur Hölle." (Wurm)

Letzte Szene als Abrechnung mit dem absolutistischen System

Das große Gericht der letzten Szene ereignet sich vor aller Öffentlichkeit: nicht nur die dramaturgisch notwendigen Personen bevölkern die Szene, Schiller läßt *„Volk" „sich im Hintergrund sammeln"*. Die Abrechnung vor dem Tribunal der höchsten Instanz ist also nicht nur als Verurteilung der Bösewichter des Stücks gemeint, sondern bedeutet eine Abrechnung mit dem im Drama durch sie repräsentierten absolutistischen System. Deshalb das Mitwirken der Öffentlichkeit.

Wirkungsvoller Aufbau der Szene

Auch im Aufbau ist die Szene theatralisch wirkungsvoll gestaltet. Anklagen folgen auf Anklagen, Enthüllungen auf Enthüllungen:
Sohn steht gegen Vater, der vereinsamte Miller erscheint, der Präsident geht gegen den Sekretär vor, dieser will die Wahrheit über ihre gemeinsamen Verbrechen vor Gericht enthüllen, Ferdinand stirbt am Gift, und der Präsident begibt sich vor den Richter und wird abgeführt.

Ferdinands Selbstmord

Mit dem Sieg der höheren Gerechtigkeit, mit dem

Triumph der sittlichen Idee (dem der Untergang der Unschuld als Opfer vorausgegangen ist) endet das Stück.

Idealistischer Schluß: Sieg der höheren Gerechtigkeit

Auf diesen idealistischen Schluß kam es Schiller an, dessetwegen nahm er (wie auch sonst an mehreren Stellen des Stücks) psychologische Unwahrscheinlichkeiten in Kauf, durch die dem Zuschauer doch einiges zugemutet wird (das Bekennen der Verbrechen durch Wurm und den Präsidenten, welches sie zweifelsohne dem Verderben zuführt, und – vor allem – Ferdinands Vergebung der Schuld seines Vaters).

Die Menschen haben sich und ihre Welt zerstört, einerlei ob aus ihrem Innersten heraus („Liebe“) oder aus äußerem berechnenden Kalkül („Kabale“) handelnd; erst im Angesicht des Höchsten, vor dem Tribunal des ewigen Richters, werden die Gewichte wieder richtig gesetzt.

Das Theater beweist sich als „moralische Anstalt“.

Die Komposition des Stücks

Entsprechung und Gegensatz als Kompositionsprinzip

Schiller hat seiner „Kabale und Liebe" einen streng durchkomponierten Aufbau gegeben. Das Prinzip, das den Aufbau des Stückes prägt, kann man mit den zwei Begriffen „Symmetrie" und „dialektisches Prinzip" bezeichnen. Entsprechung und Gegensatz kennzeichnen also sowohl Inhalt wie auch Gestalt des Werkes.

Symmetrie der Schauplätze und dialektische Gegenüberstellung

Beide Prinzipien werden in der Abfolge der Szenen deutlich. Die beiden Welten, in denen das Drama abläuft, alternieren in der Anordnung der Szenen: Die Welt des Kleinbürgertums wechselt in regelmäßigem Rhythmus mit der Welt des absolutistischen Hofes. Auf diese Weise wird die „kleine Welt" (Zimmer des Musikers Miller) der „großen Welt" (Saal beim Präsidenten und im Palais der Lady) dialektisch gegenübergestellt, andererseits aber eine Symmetrie in der Abfolge der Szenen erzielt. (Ausnahme von diesem Aufbauprinzip ist der vierte Akt, der auch sonst in mehrfacher Hinsicht aus dem Rahmen des Werkes fällt; siehe hierzu auch die Seiten 28 f.). Schiller schafft auch in der räumlichen Dimension des Werkes die Spannung, die das Stück in Gang hält.
Im einzelnen sieht die Abfolge der Szenen folgendermaßen aus:

I. Akt:

Zimmer beim Musiker I,1–I,4	Saal beim Präsidenten I,5–I,7

II. Akt:

Saal im Palais der Lady II,1–II,3	Zimmer beim Musikanten II,4–II,7

III. Akt:

Saal beim Präsidenten III,1–III,3	Zimmer in Millers Wohnung III,4–III,6

IV. Akt:

Saal beim Präsidenten	Saal bei der Lady
IV,1–IV,5	IV,6–IV,9

V. Akt:
Nur der fünfte Akt, in dem die Entscheidung fällt, die Katastrophe sich ereignet, spielt allein an einem Ort. Damit wird die Bedeutung der tragischen Gewichte auf einen Schauplatz und auf deren ‚Bewohner' gerichtet:
Zimmer beim Musikanten.

Auch für den Handlungsaufbau des Werks gilt das Prinzip der Symmetrie:

Symmetrie des Handlungsaufbaus

„Das Stück enthält drei Szenen zwischen Ferdinand und Luise, am Anfang (I,4), in der Mitte (III,4) und am Ende (V,7). Die erste exponiert den geheimen Gegensatz der Liebenden, die zweite läßt ihn in der Peripetie akut werden, die dritte besiegelt ihn im Tod und versöhnt ihn in der Vergebung. In der Mitte zwischen der ersten und zweiten (II,5) schwört Ferdinand ewige Treue, in der Mitte zwischen der zweiten und dritten (IV,4) entschließt er sich zum Mord. Auch Luises und Ferdinands Erinnerungen an die Idylle stehen in Symmetrie (I,3–V,7); in der Mitte Ferdinands Fluchtplan als verfälschte Idylle (III,4). – Ähnlich wie mit der Liebeshandlung verhält es sich mit der Kabale: am Anfang des Mittelaktes wird sie ausgeheckt, am Schluß in Szene gesetzt. Genau in der Mitte bricht Ferdinands Eifersucht aus, ohne die er der Intrige niemals zum Opfer fiele. Die ungemein wichtige Szene III,4 erfüllt also die doppelte Funktion der inneren und der äußeren Peripetie, wie der junge Schiller auch sonst die Mitte betont. [...] Der Lady gehören der Anfang des zweiten und das Ende des zweitletzten Aktes. Die Kammerdienerszene (II,2) und ihr Abgang (IV,9) brandmarken das System, die Szenen mit Ferdinand (II,3) und Luise (IV,7) enthalten das Schicksal ihrer Liebe: Bekenntnis und Verzicht."
(Wolfgang Binder: Schiller. Kabale und Liebe; in: Das deutsche Drama. Vom Barock bis zur Gegenwart. Interpretationen, I. Band, hg. von Benno von Wiese, Düsseldorf 1968, S. 268f.)

Die Personenkonstellation

Gesellschaftlicher Rang als Ordnungskriterium

Die Angabe der *dramatis personae,* die der junge Autor der „Kabale und Liebe“ traf, entspricht der üblichen Praxis für Theaterstücke. Die Personen sind ihrem gesellschaftlichen Rang nach geordnet. So beginnt die Liste mit dem regierenden Präsidenten und endet mit dem Kammerdiener des Fürsten (wobei wir die Angabe „verschiedene Nebenpersonen“ hier zu Recht außer acht lassen). Innerhalb der sozialen Gruppen werden die Personen üblicherweise, und so auch in diesem Stück, nach ihrem Geschlecht geordnet, die Männer zuerst und dann die Frauen. Also steht der Hofmarschall Kalb vor der Lady Milford. Ausnahmen von dieser Regel gibt es nur, wenn dies wichtige soziale Gründe oder der Handlungsablauf des Stücks erfordern. Der Sekretär Wurm erscheint natürlich nach der Favoritin des Fürsten, der Kammerdiener nach der Kammerjungfrau der Lady.

Spiegelung der ständischen Konfrontation

So spiegelt das Personenverzeichnis die ständische Konfrontation zwischen der Welt des Hofes und der Welt des Bürgertums, der Untertanen, wider. Es weist „Kabale und Liebe“ in die Reihe der bürgerlichen Trauerspiele, in denen es um Konflikte geht, die ihren Ursprung in der sozialen Ordnung der Gesellschaft haben:

Die Welt des absolutistischen Hofes; die herrschende, die im Prunk lebende, die administrative	Präsident von Walter, *am Hof eines deutschen Fürsten* Ferdinand, *sein Sohn, Major* Hofmarschall von Kalb Lady Milford, *Favoritin des Fürsten* Wurm, *Haussekretär des Präsidenten*

Die Welt der Bürgerlichen; die unterdrückte, die dienende, die der Untertanen	Miller, *Stadtmusikant oder, wie man sie an einigen Orten nennt, Kunstpfeifer* Dessen Frau Luise, *dessen Tochter* Sophie, *Kammerjungfer der Lady* Ein Kammerdiener des Fürsten

Diese Zweigliederung in der Personenkonstellation zielt aber nur auf die eine Seite des Stücks, in der tatsächlich politische und soziale Gründe den dramatischen Konflikt hervorrufen.

Einstellung der Personen zur bestehenden Ordnung

Gehen wir von der Einstellung der Personen zu der herrschenden Ordnung aus, so ergibt sich eine andere Konstellation. Damit ist nicht gemeint die Frage danach, wer aus den gegebenen Zuständen einen (materiellen) Nutzen zieht und wem die bestehende Ordnung schadet. Eine solche Betrachtungsweise führte wieder zu der Einteilung nach Herrschenden und Untertanen zurück.
Wir fragen nach der inneren Einstellung, nach den Personen, die die bestehende Ordnung erhalten wollen und nach denen, die sie in Frage stellen, verändern oder gar umstürzen wollen. Dann ergibt sich eine ganz andere Konstellation:

Präsident		Ferdinand
Hofmarschall		Lady Milford
Wurm		
Miller		Dessen Frau
	Luise	
Sophie		Kammerdiener
affirmative, erhaltende Funktion		„revolutionäre“, verändernde, umstürzende Funktion

Unterstützung der Ordnung aus unterschiedlichen Motiven

Auf der einen Seite stehen die „Konservativen“, die aus den verschiedensten Motiven heraus das System stabilisieren, auf der anderen Seite diejenigen,

Präsident und Sekretär

die – ebenfalls unterschiedlich motiviert – die gegebene Ordnung anzweifeln. Der Präsident und der Sekretär wissen, daß sie ihre Stellungen – durch Betrug und Verbrechen errungen – nur behaupten oder gar ausbauen können, wenn an den Machtverhältnissen nicht gerüttelt wird, wenn keine „Kontrolle“ über ihre Machenschaften besteht. Der Hofmarschall Kalb sieht seine Existenzgrundlage stehen und fallen mit dem Weiterbestehen des höfischen Lebens:

Hofmarschall

> „Sie sind ein Stuttierter! Aber *ich* – Mon Dieu! was bin *ich*, wenn mich Seine Durchleucht entlassen?“ (III,2).

Sophie

Die Kammerjungfer genießt das Leben im Salon der Lady; sie weiß – aus der Schicht der Untertanen stammend –, was Armut und Elend heißen. Bleibt der Musiker Miller, der bei allem Wissen um oben und unten, um Macht und Ohnmacht, der bei allem Selbstverständnis seines Standes, der bei aller Aufrichtigkeit und allem Mut der Obrigkeit gegenüber dennoch die bestehende Ordnung akzeptiert. Er ist der einzige aus dieser Gruppe, der dafür eine überzeugende Begründung hat: Unordnung, Umsturz bedeuten Chaos, werfen die Menschen auf sich selbst zurück, auf ihre eigene innere Kraft, auf ihre innere Standfestigkeit, und an dieser inneren Größe der Menschen zweifelt Miller:

Miller

> „Mensch ist Mensch“ (I,1).

Dieser Ausspruch des Musikers ist weiter zu verstehen, als nur auf die Verführbarkeit seiner Tochter bezogen. Schließlich ist die bestehende Ordnung auch Gottes Ordnung, und der Mensch braucht einen äußeren Halt der Formen, wenn er aufrecht und anständig sein Leben bestehen will. Alle anderen Befürworter der vorhandenen Ordnung wissen nur ein persönliches Interesse daran geknüpft; Miller allein sieht darin eine metaphysische Begründung.

Die ‚Gegner‘ der bestehenden Ordnung

Das Gegenstück dazu auf der anderen Seite bildet seine Frau. Ohne eigentlich zu wissen, daß ihre Wunschträume nach einer Verbindung ihrer Tochter mit dem adligen Major die gesamte Ständeordnung umstoßen würden, verweist sie – naiv dümmlich – sogar auf Gott als Urheber ihrer eigenen Vorstellungen:

Millerin

> „weil eben halt der liebe Gott meine Tochter barrdu zur gnädigen Madam will haben –" (I,3).

Ihr geht es letztlich um das eigene Wohlleben, um den „vermaledeiten Kaffee" und um „das Tobakschnupfen", wie ihr Mann ihr vorwirft (I,1).

Kammerdiener

Den Kammerdiener – obwohl in fürstlichen Diensten – bringen die unmenschlichen Praktiken des Fürsten, deren Zeuge er schließlich ist, zur Verfluchung des ganzen Systems; auch einige seiner Söhne wurden als Soldaten verkauft (II,2).

Ferdinand

Ferdinand will dagegen aus grundsätzlichen Erwägungen heraus die bestehende Welt aus den Angeln heben. Wohl klagt er die Ungerechtigkeiten, die Inhumanität, die Amoralität der absolutistischen Ordnung an; letztlich aber läßt diese Ordnung für einen „Kerl" wie ihn, der seine individuellen Rechte beansprucht, nicht genügend Raum. Er beruft sich auf „Natur", auf „Gott", wenn er die Ordnung sprengen will. Die Hindernisse, die sich seiner Liebe zu Luise entgegenstellen, sind nur ein Beispiel für den Zwang, den er zu erleiden hat.

Lady Milford

Das Verhältnis der Lady zur absolutistischen Ordnung ist differenziert. Einerseits hat ihr das Verhältnis zum regierenden Fürsten erst ein standesgemäßes Leben ermöglicht, auch ihren Ehrgeiz befriedigt, hat ihr auch die Möglichkeit eröffnet, die Mißstände im Fürstentum, die Unterdrückung der Untertanen zu mildern; andrerseits werden ihre eigentlichen Ansprüche ans Leben, wird ihr wahres Wesen durch die Art, in der sie leben muß, nicht erfüllt.

Sonderstellung Luises

Bleibt die Gestalt der Luise: Sie steht zwischen den Gruppierungen, nimmt eine Sonderstellung ein. Ihre Religiosität und ihre Bindung an den Vater bewirken, daß sie ihre Stellung innerhalb der bestehenden Ordnung akzeptiert, ja sogar gegenüber Ferdinand verteidigt. Ihre Liebe zu dem jungen Adligen jedoch stellt diese Ordnung in Frage. Diesen

Zwiespalt erkennt, durchlebt und durchleidet das Mädchen – anders als ihre Mutter. Sie kann ihn nicht lösen, kann von Gottes Ordnung und kann von dem geliebten Menschen nicht lassen. Ist die Lösung, die sie gleich zu Anfang des Stücks anbietet (I,2), der Verweis auf die Vereinigung im Jenseits, wo es keine Ständeschranken mehr geben wird, wo nur der Mensch und sein persönlicher Wert gemessen werden, nicht eine Ersatzlösung aus ihrem Konflikt?

Personenkonstellation entsprechend dem inneren Konflikt

Um die Sache endlich nach dem „inneren Konflikt" des Dramas zu erwägen, nach der Frage des Berechtigtseins oder der Vermessenheit der Liebe der zwei jungen Menschen zueinander, so ordnen sich die Personen erneut anders:

Ferdinand		Präsident
Luise		Wurm
Frau Miller		Miller
	Lady Milford	

Die anderen Personen – Kalb, Sophie, der Kammerdiener – spielen unter diesem Gesichtspunkt keine oder (wie der Hofmarschall) nur eine nebensächliche Rolle.

Gegner der Liebesbeziehung

Die Motive des Präsidenten, der unerwünschten Verbindung seines Sohnes mit der Bürgerstochter entgegenzuwirken, liegen klar auf der Hand. Er hat mit seinem Sohn andere ehrgeizige Pläne. Ferdinand muß von Luise lassen und Lady Milford heiraten, um dem Herzog einen Gefallen zu tun, der sich auszahlen wird. Er sieht in Wurm auch hier einen natürlichen Verbündeten, denn der Präsident erkennt rasch, daß der Sekretär ein Auge auf das Mädchen geworfen hat. Beide verfolgen eigennützige Zwecke: sind dem Präsident das Gefühl seines Sohnes und das Schicksal der „Bürgerkanaille" völlig gleichgültig, so hofft der Sekretär mit Hilfe des Präsidenten an sein Ziel zu gelangen.
Der Vater des Mädchens will die Liebschaft verhindern, weil er sieht, daß die Realität der ständischen Ordnung eine Verbindung der beiden Liebenden unmöglich macht, weil er seine Tochter vor Enttäu-

schung, ja vor einer möglichen Zerstörung ihres Lebens bewahren will. Schließlich fürchtet er – nicht zu Unrecht – die Aktionen der Herrschenden und die Vernichtung seiner und seiner Familie Existenz.

Befürworter

Seine Tochter dagegen sieht in ihrer Liebe zu Ferdinand eine Fügung und den Willen Gottes, die durch Menschen nicht zerstört werden können. Luises Liebe zu Ferdinand hat eine tiefere Bedeutung. Deshalb kann sie auf eine Verbindung mit ihm hier und jetzt verzichten (I,3 und IV,7); ihr Streben zielt auf eine Vereinigung im Jenseits.

Die Position von Luises Mutter in dieser Frage ist recht eindeutig. Sie bejaht, ja begünstigt das Verhältnis ihrer Tochter mit dem adligen Major, weil sie ihre Wünsche über die Realität stellt.

Zwischenstellung Lady Milfords

Die Rolle von Lady Milford ist auch unter diesem Aspekt betrachtet nicht eindeutig. Sie sieht in einer Verbindung mit Ferdinand die Möglichkeit, ein neues Leben zu beginnen (II,1 und II,3) und ist deshalb, als sie zum ersten Mal von seiner Liebe zu Luise erfährt, fest entschlossen, gegen diese Verbindung vorzugehen.

Entscheidend ist jedoch das Ergebnis, das sie – im inneren Ringen nach der Unterredung mit Luise – in dem Monolog (IV,8) erzielt. In der Abwägung zwischen ihrer „Ehre“ und der „Tugend einer verwahrlosten Bürgerdirne“ siegt die Stimme ihres „Herzens“:

> „Groß, wie eine fallende Sonne, will ich heut vom Gipfel meiner Hoheit heruntersinken, meine Herrlichkeit sterbe mit meiner Liebe, und nichts als mein *Herz* begleite mich in diese stolze Verweisung!“

Verknüpfung verschiedener Ebenen

Eine zusammenfassende Betrachtung der „Personenkonstellation“ in dem Stück zeigt, daß Schiller in „Kabale und Liebe“ verschiedene Ebenen miteinander verknüpft und auch konfrontiert. Die eindeutig erscheinende Personengruppierung, unter dem Aspekt des „sozialen Dramas“ betrachtet, löst sich auf und formiert sich anders und vielschichtiger unter anderen Gesichtspunkten.

Die Sprache im Stück

Es liegt nahe, einen Blick auf die Charakterisierung der einzelnen Personen durch die Sprache zu werfen. Eine Analyse unter diesem Aspekt ergibt, daß Schiller durch Sprachgebung die Figuren des Stücks ihren sozialen Ordnungen zuweist. Die drei Welten, die bürgerliche, die höfische und die Zwischenstellung der Liebenden, lassen sich sprachlich sehr wohl trennen. Eine solche Katalogisierung entspricht der inhaltlichen Personenkonstellation.

Funktion der Sprache: Charakterisierung der sozialen Ordnungen

Die kleinbürgerliche Welt

Die kleinbürgerliche Welt wird repräsentiert durch den derben und geradlinigen Musiker Miller, der die Dinge unverblümt beim Namen nennt und durch die nach Höherem strebende Frau, die dabei öfters den Boden der bürgerlichen Realität aus den Augen verliert und in diesem Bestreben ihre Sprache selbst karikiert durch die falsche Verwendung von Fremdwörtern. Besonders augenfällig wird diese Sprachschicht in den Auseinandersetzungen der Eheleute in I,1 und I,2 und in den Äußerungen Millers gegenüber dem Präsidenten in II,6. Miller spricht, wie ihm der Schnabel gewachsen ist. Ihm gehört die derbe Sprache des einfachen Mannes:

> „Schier dich zum Satan!", „Ich hab mich satt gefressen ...", „Willst du dein Maul halten?", „Willst das Violinzello am Hirnkasten wissen?" usw.

Seine Ansichten unterlegt er mit allgemeinen Redewendungen:

> „Auf den Sack schlag man; den Esel meint man.", „... das Gesind machts der Herrschaft nach ...", „... wo der Zimmermann das Loch gemacht hat". (I,1 und I,2)

Aber auch der Obrigkeit gegenüber bleibt er bei seiner direkten, ehrlichen Sprache:

> „... Ohrfeig um Ohrfeig –", „... aber den ungehobelten Gast werf ich zur Tür hinaus."

So spricht der Musiker zum Präsidenten (II,6).

Die höfische Welt

Auf der anderen Seite steht als Gegenpol die intrigenspinnende, zynische, kalte Welt des Hofes mit dem Präsidenten an der Spitze, dessen Sprache geschliffen und gefährlich zugleich, berechnend und befehlend arrogant ist und damit zum Gegenstück der Sprache des Musikers wird. So charakterisiert sich der Präsident von Walter bereits bei seinem ersten Auftreten (I,5) durch seine Sprache selbst. Hofmarschall Kalbs Ausdrucksweise kann als Parallele zu der Sprache der Frau Miller gesehen werden; auch er spricht dümmlich, unnatürlich, auch er vergreift sich bei manchen Wörtern. Siehe die Szenen zwischen dem Präsidenten und dem Hofmarschall in I,6 und III,2. Sekretär Wurm, obwohl bürgerlicher Herkunft, steht als verkleinerte Ausgabe des Präsidenten dessen Sprache nahe. Er vermengt die realistische Ausdrucksweise der bürgerlichen Sphäre mit der glatten, distanzierten des Hofes.

Sonderstellung der Sprache der Liebenden

Bleibt die Sphäre der Luise, Ferdinands und Lady Milfords.

Die Sprache der Lady, die Luises und die Ferdinands weist in Bezug zur sozialen Ebene so gut wie keine ständischen Momente auf, im Gegensatz zu der Sprache der anderen Personen, deren gesellschaftliche Ortung auch in der Sprache auszumachen ist.

Ihre Sonder- und Mittelstellung zeigt sich deutlich in der Sprache der Lady Milford, die zwischen höfischer Unnatürlichkeit und leidenschaftlicher individueller Natürlichkeit wechselt. Eindeutig ist dagegen das hohe Pathos Ferdinands, der auch in seiner Sprache das Absolute anstrebt; seine Redeweise und seine Bilder wirken abstrakt und unbedingt, oft völlig losgelöst von der Realität und vom Situationsbezug. Luise schließlich spricht schlicht, aber mit echten Empfindungen. Sie trifft den „Ton des Herzens“, sie ist in der Lage, ihren Gefühlen glaubhaften Ausdruck zu verleihen, sie verstummt – statt wie Ferdinand beredt zu werden –, wenn sie Stimmungen und Gefühlen unterworfen ist, für die es keine Sprache gibt. Um so mehr erstaunt es gerade bei dieser Figur, wenn sie in verschiedenen

Situationen eine intellektuell geschliffene Sprache spricht, beispielsweise in der Unterredung mit Lady Milford (IV,7), bei der die oft angemerkte epigrammatische Kürze der Sprache Luises auffällt, die so gar nicht zu ihrer Person passen will.

Psychologische Unwahrscheinlichkeit

Wir stoßen hier wiederum auf die Frage nach der psychologischen Wahrscheinlichkeit und stellen erneut fest, daß sich Schiller darum wenig gekümmert hat, weil es ihm darauf gar nicht ankam. Er versucht, durch Sprache eine eigene Welt zu schaffen, in der es eigene Gesetze gibt, die sprachlich nicht mit der Wirklichkeit und ihren Psychologismen übereinstimmen muß. Aufgrund dieser Schillerschen Eigentümlichkeit kam der Literaturwissenschaftler Wolfgang Binder zu der Erkenntnis, daß

Das mehrdimensionale Sprachgeflecht

die Gliederung der Sprache in „Kabale und Liebe" nach der sozialen Ordnung nicht ausreiche, sondern daß „das Sprachgeflecht des Stückes einem mehrdimensionalen Raum gleicht", in dem sich überschneidende Gruppierungen entstehen, deren Grenzen einander überlappen. (Wolfgang Binder: Schiller „Kabale und Liebe"; in: Das deutsche Drama, Vom Barock bis zur Gegenwart, Interpretationen; hg. v. Benno von Wiese, I. Band, Düsseldorf 1968, S. 250–270).

Binder teilt diesen – von ihm so genannten – Sprachraum in drei Dimensionen: 1. die soziale, 2. die intellektuelle und 3. die moralische Dimension. Seine Interpretation ergibt, daß die Sprache fast aller Personen – mit Ausnahme der Frau Miller und des Hofmarschalls – in allen drei Bereichen zu

Die soziale Dimension

finden ist. Dabei kommt er zu dem Schluß, daß die Sprache der Lady, die Luises und die Ferdinands in Bezug zur sozialen Ebene, die oben dargestellt wurde, so gut wie keine ständischen Momente aufweist im Gegensatz zu der Sprache der anderen Personen, deren gesellschaftliche Ortung auch in der Sprache auszumachen ist.

Die intellektuelle Dimension

Der Bereich der intellektuellen Dimension durchschneide aber die soziale. Hier werden die Trennlinien anders gezogen, denn „oben und unten gibt es Kluge und Dumme". Diese Sprachebene dient der Darstellung der Fakten, Schiller gehe es hier nicht um Charakterisierung von Personen, sondern um

Klarlegung von Sachen. Deshalb nehme der Dichter auch psychologische Unwahrscheinlichkeiten in Kauf (siehe oben!). Der Autor ist also hier der eigentlich Sprechende, nicht seine Figuren. Diese Sprache ist gekennzeichnet von „rationaler Klarheit“, von „Begriffsantithesen“, die im Text durch den gesperrten Druck leicht erkennbar sind:

> „Wenigstens bewies der *Präsident* hier, daß der *Vater* nur ein *Anfänger* gegen ihn ist“ (Wurm, I,5), „ich muß den *Vater* wie den *Kuppler* verfluchen“ (Ferdinand, I,7), „Es war nicht die *Person*, sondern die *Heurat*, die du verabscheutest“ (Präsident, I,7), „Ich bin bereit, dies alles mit Füßen zu treten, sobald sie mich überzeugt haben werden, daß der *Preis* nicht *schlimmer* noch als das *Opfer* ist“ (Ferdinand, II,3), „Den Anbeter bedauern, Mylady, der einen *Demant* kaufte, weil er in *Gold* schien gefaßt zu sein“ (Luise, IV,7).

Die moralische Dimension

Die moralische Dimension endlich unterscheide zwischen „Bedingten“ und „Unbedingten“ – wie Binder sie nennt –, zwischen solchen Figuren also, die durch die moralischen Qualitäten des Guten und des Bösen und durch die menschlichen Qualitäten in die Gewöhnlichen und die Ungewöhnlichen voneinander unterschieden sind. Zu den „unbedingten“ Figuren des Stücks zählt er Ferdinand, Luise und die Lady. Deren Sprache sei – unter diesem Aspekt betrachtet – gekennzeichnet durch ein Pathos, das die Sphäre des Realen und Situationsbedingten „überfliegt“ und sich in den „genialischen und empfindsamen“ Bereichen ansiedle. „Sie ist vom absoluten Gefühl getragen und versteht die Wirklichkeit nur im Horizont des Gefühls.“ Die Äußerungen Ferdinands, Luises und der Lady über Liebe, Ehre usw. kennzeichneten nicht ihre Person und die Situation, in der sie sich jeweils befinden, sondern „die Stelle, die sie in der metaphysischen Ordnung der Welt“ einnehmen.
Die Sprache der „Bedingten“, aller anderen Personen des Stücks also, bleibe realitäts- und situationsbezogen, geht über die Grenzen der sozialen Dimension letztlich nicht hinaus, sondern charakterisiert die Träger als Mitglieder einer bestimmten gesell-

schaftlichen Schicht mit ihren ständischen Weltvorstellungen. „Sie versteht umgekehrt Gefühle nur im Horizont der Wirklichkeit, als Phänomene, die man berechnen und beherrschen kann."

Ergebnis

So kommt Binder bei der Analyse der Sprache des Dramas zu dem zusammenfassenden Ergebnis: „Schillers Sprachgebung dient verschiedenen, aber nicht immer vereinigten Zwecken. Sie charakterisiert die Sprecher, sie interpretiert objektive Sachverhalte und sie weist auf metaphysische Bedeutungen jenseits von Psychologie und Faktizität zurück."

Ein bürgerliches Trauerspiel

Entstehung des bürgerlichen Trauerspiels

Die Gattung des „bürgerlichen Trauerspiels“ ist ein Produkt des sich in der Zeit der Aufklärung emanzipierenden Bürgertums. Ohne die – aufgrund der steigenden ökonomischen Bedeutung des Bürgertums im Merkantilsystem – sich entwickelnde bürgerliche Welt mit eigenen Wert- und Moralvorstellungen, die sich bewußt von denen des absolutistischen Adels abhob, ist die Entstehung des „bürgerlichen Trauerspiels“ nicht zu denken. Kein Zufall also, daß zu Beginn des 18. Jahrhunderts diese dramatische Gattung in England entstand, in einer Gesellschaft, in der das Bürgertum eine bedeutende Stellung errungen hatte. George Lillos „The London Merchant or History of George Barnwell“ von 1731 (deutsche Übersetzung 1772) wurde Vorbild für diese Gattung.
Gotthold Ephraim Lessing schrieb 1755 das erste bürgerliche Trauerspiel in deutscher Sprache, „Miß Sara Sampson“.
1772 legte Lessing mit „Emilia Galotti“ das gültige Muster für das bürgerliche Trauerspiel in deutscher Sprache vor.

Merkmale des bürgerlichen Trauerspiels

> „Seitdem kennzeichnen die folgenden Merkmale die neue Gattung:
> der gezielte Bruch mit der ‚Ständeklausel“, der zufolge lediglich hohe Standespersonen in der Tragödie als Opfer tragischer Verwicklungen gezeigt werden durften;
> die Verlagerung des Geschehens weg von der großen höfisch-politischen Kulisse in den Bereich der bürgerlich-privaten Welt, die damit das Gegenmodell liefert zur repräsentativen Öffentlichkeit adlig-höfischer Lebensweise, und
> die moralisch-aufklärerische Belehrung als neue Funktionsbestimmung des Theaters und die Propagierung einer bürgerlichen Tugendlehre und empfindsam-moralischen Gefühlskultur.“
> (Geschichte der deutschen Literatur, Band 1: Aufklärung. Sturm und Drang, von Theo Herold und Hildegard Wittenberg; Ernst Klett Verlag Stuttgart 1983, S. 62f.)

Wegfall der gebundenen Sprache

Diesem thematischen und inhaltlichen Wandel, dem Ersetzen der hohen Standespersonen durch bürgerliche Figuren als Träger der Handlung, geht auch ein Wandel in der sprachlichen Form parallel; die Sprache im bürgerlichen Trauerspiel ist Prosa, nicht mehr gebundene Verssprache (Alexandriner oder Blankverse).

Theoretische Grundlegung durch Lessing

Lessing war es auch, der 1767 im 14. Stück seiner „Hamburgischen Dramaturgie" die theoretische Grundlage für das bürgerliche Trauerspiel schuf:

> „Die Namen von Fürsten und Helden können einem Stücke Pomp und Majestät geben; aber zur Rührung tragen sie nichts bei. Das Unglück derjenigen, deren Umstände den unsrigen am nächsten kommen, muß natürlicherweise am tiefsten in unsere Seele dringen; und wenn wir mit Königen Mitleiden haben, so haben wir es mit ihnen als mit Menschen und nicht als mit Königen. Macht ihr Stand schon öfters ihre Unfälle wichtiger, so macht er sie darum nicht interessanter. Immerhin mögen ganze Völker darein verwickelt werden; unsere Sympathie erfordert einen einzeln Gegenstand, und ein Staat ist ein viel zu abstrakter Begriff für unsere Empfindungen.
> ‚Man tut dem menschlichen Herze unrecht', sagt auch Marmontel*, ‚man verkennet die Natur, wenn man glaubt, daß sie Titel bedürfe, uns zu bewegen und zu rühren. Die geheiligten Namen des Freundes, des Vaters, des Geliebten, des Gatten, des Sohnes, der Mutter, des Menschen überhaupt, diese sind pathetischer als alles; diese behaupten ihre Rechte immer und ewig. Was liegt daran, welches der Rang, der Geschlechtsname, die Geburt des Unglücklichen ist, den seine Gefälligkeit gegen unwürdige Freunde und das verführerische Beispiel ins Spiel verstricket, der seinen Wohlstand und seine Ehre darüber zugrunde gerichtet und nun im Gefängnisse seufzet, von Scham und Reue zerrissen? Wenn man fragt, wer er ist, so antworte ich: er war ein ehrlicher Mann, und zu seiner Marter ist er Gemahl und Vater; seine Gattin, die er liebt und von der er geliebt wird, schmachtet in der äußersten Bedürfnis und kann ihren Kindern, welche Brot verlangen, nichts als Tränen geben. Man zeige mir in der Geschichte der Helden eine rührendere, moralischere, mit einem Worte tragischere Situation! Und wenn sich endlich dieser Unglückliche vergiftet; wenn er, nachdem er sich vergiftet, erfährt, daß

Neue Definition von Tragik: Rührende, moralische Situation ist tragisch

der Himmel ihn noch retten wollen, was fehlet diesem schmerzlichen und fürchterlichen Augenblicke, wo sich zu den Schrecknissen des Todes marternde Vorstellungen, wie glücklich er habe leben können, gesellen; was fehlt ihm, frage ich, um der Tragödie würdig zu sein? Das Wunderbare, wird man antworten. Wie? findet sich denn nicht dieses Wunderbare genugsam in dem plötzlichen Übergange von der Ehre zur Schande, von der Unschuld zum Verbrechen, von der süßesten Ruhe zur Verzweiflung; kurz, in dem äußersten Unglücke, in das eine bloße Schwachheit gestürzet?"

* Jean François de Marmontel, franz. Schriftsteller und Literaturhistoriker.

Die Erläuterungen Lessings zeigen deutlich, worauf es ihm ankam. Mit den bürgerlichen Figuren auf der Bühne kann sich der Zuschauer identifizieren; sie leben, leiden, agieren und reagieren in einer Welt, die auch die seine ist. Durch diese Identifikation wird der Zweck der Tragödie, wie Lessing ihn sah, erreicht: eine Katharsis des Zuschauers durch das Erregen von Furcht und Mitleid (siehe das 75. Stück der „Hamburgischen Dramaturgie").

Absicht / Zweck der Tragödie: Katharsis

Und noch ein zweites geht aus dem Lessingschen Text hervor:

„Man zeige mir in der Geschichte der Helden eine rührendere, moralischere, mit einem Wort tragischere Situation!"

Es soll also in erster Linie das Feld der Moral sein, auf dem die Auseinandersetzung zwischen Bürgertum und Adel sich auf der Bühne abspielt. Deshalb müssen wir das Adjektiv „bürgerlich" auch nicht in erster Linie als Bezeichnung für eine Klasse, für den dritten Stand, verstehen, sondern als Kennzeichnung einer bestimmten moralischen Wertvorstellung, die sich von der Welt der höfischen Unmoral abhebt. Es geht in den Dramen im allgemeinen nicht so sehr um Klassengegensätze, sondern mehr um tugendhaftes menschliches Verhalten. Diese Haltung ist nicht an die Klasse des Bürgertums gebunden. So können auch Angehörige des Adels die Rolle eines Helden im bürgerlichen Trauerspiel

Der Begriff ‚bürgerlich' als Kennzeichen einer moralischen Haltung

übernehmen, wie beispielsweise Ferdinand von Walter in „Kabale und Liebe“.

Zwei Formen des bürgerlichen Theaterstücks

Und schließlich: rührend, moralisch und tragisch werden in einer Linie gesehen. Das weist auf die zwei Erscheinungsformen des bürgerlichen Theaterstücks hin: neben den Trauerspielen, in denen die Konflikte zwischen den bürgerlichen und den höfischen Welten, in denen die Konfrontation selbstbewußt gewordener Vertreter des Bürgertums mit der Willkürherrschaft des Absolutismus im Mittelpunkt stehen, in denen am Ende der tragische Untergang der Heldin oder des Helden dargestellt wird, entstehen Stücke, deren Wirkungen mehr rührend als tragisch sind.

Als Schiller 1783 an die Arbeit zu „Luise Millerin“ ging, fand er zahlreiche, sehr unterschiedliche Stükke vor, in denen aus dem Bürgertum stammende Personen als Träger der Handlung fungierten. An

Das bürgerliche Trauerspiel der Aufklärung: Fragen der Moralität

erster Stelle ist natürlich Lessings „Emilia Galotti“ zu nennen, die Schiller als wichtiges Vorbild für sein Stück diente. Lessing hatte den Schauplatz seines Dramas nach Italien ins 17. Jahrhundert verlegt, also eine gewisse Distanz zu der Lebenswirklichkeit seiner Leser oder Zuschauer hergestellt. Auch geht es in seinem Stück nicht in erster Linie um den sozialen oder politischen Konflikt zwischen Bürgertum und Adel, sondern um Fragen der Moralität, um die Bewahrung einer tugendhaften Haltung. Freilich findet die Austragung dieses Konflikts zwischen dem Fürsten Gonzaga und der (groß)bürgerlichen Familie Galotti statt; die Tugend der Emilia Galotti wird durch den Prinzen bedroht, die Lösung kann nur durch den Tod der Heldin erfolgen.

Das bürgerliche Trauerspiel des Sturm und Drangs: Soziale Anklage

Anders dagegen die bürgerlichen Trauerspiele des Sturm und Drangs: die 1776 erschienenen Stücke „Die Soldaten“ von Jakob Michael Reinhold Lenz und „Die Kindermörderin“ von Heinrich Leopold Wagner rücken die sozialen Ursachen der Konflikte in den Mittelpunkt, weisen auf soziale Mißstände hin, klagen an.

Beide Aspekte in „Kabale und Liebe“

In Schillers „Kabale und Liebe“ finden sich beide Aspekte des bürgerlichen Trauerspiels: die stän-

deunabhängige Frage der Moral und der Unmoral und die konkrete Anklage bestehender sozialer und politischer Mißstände.
Zunächst fällt ins Auge, daß Schiller die wesentlichen Merkmale der Gattung für sein Stück übernimmt. Hauptperson ist das bürgerliche Mädchen Luise Miller, um sie gruppiert sich das übliche Personal: der biedere, geradlinige Vater, die beschränkte Mutter, der ränkespinnende Schurke im Dienste des Hofes, der Hof selber in den Figuren des skrupellosen Machthabers, des albernen Hofmarschalls und der fürstlichen Geliebten und – last but not least – der adlige Liebhaber. Die Handlung spielt dementsprechend abwechselnd in der schlichten Bürgerstube und im prächtigen Salon (beim Präsidenten oder bei der Mätresse). Der zum tragischen Ende führende äußere Konflikt entzündet sich an den Standesunterschieden zwischen den beiden Liebenden.

Äußerer Konflikt: Standesunterschiede

Dagegen entsteht der „innere Konflikt" zwischen Luise und Ferdinand nicht aus dem sozialen Gefälle, das zwischen ihnen besteht: Konfliktstoff ist Ferdinands absoluter Liebesbegriff. Ferdinand (mehr noch als Luise) fühlt sich nicht als Vertreter seines Standes, bezieht die Maximen seines Handelns nicht aus den Wertvorstellungen des Adels. Sein Anliegen ist es ja gerade, die durch die Gesellschaftsordnung begründete bestehende Welt umzuwerfen.

Innerer Konflikt: Ferdinands Liebesbegriff

> „Wir wollen sehen, ob die *Mode* oder die *Menschheit* auf dem Platz bleiben wird",

sagt er zu Lady Milford (II,3). Es wird deutlich, daß Schiller hier den von Lessing vorgegebenen Weg der Frage nach der Moral, nach menschlichen Qualitäten, nicht nach ständespezifischen, einschlägt.
Anders als bei Lessing jedoch ist Schillers „Kabale und Liebe" ein zeitgenössisches Stück: Schiller wählt eine deutsche Residenz als Schauplatz, die Handlung spielt in der Gegenwart, der Autor stellt politische Mißstände der Zeit dar. Selbsterlebtes, Selbsterfahrenes ist direkt, ohne den Filter der zeitlichen oder räumlichen Verfremdung, in das Stück

Zeitstück: Zeitverhältnisse werden im Stück dargestellt

eingeflossen. Wer wollte, konnte in vielen Stellen des Dramas direkt die bestehenden Zustände im Herzogtum Württemberg wiederfinden: das Auspressen des Landes durch den sogenannten „Landesvater“, die Prunk- und Verschwendungssucht des Herzogs, die rechtlose Stellung der Untertanen gegen gesetzwidrige willkürliche Übergriffe der absolutistischen Herrschaft. (Zum Zeitbezug des Stücks siehe S. 74 ff.)

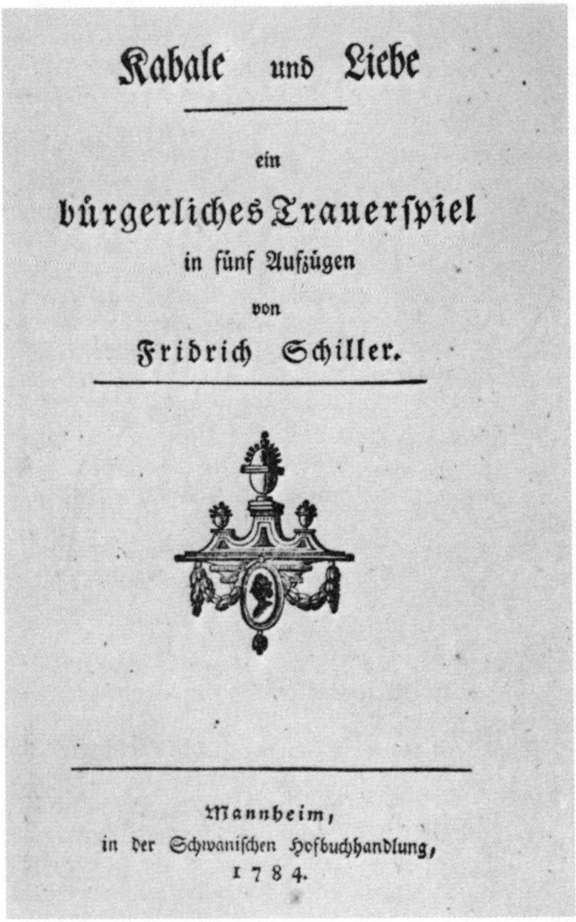

Kabale und Liebe

ein

bürgerliches Trauerspiel

in fünf Aufzügen

von

Fridrich Schiller.

Mannheim,

in der Schwanischen Hofbuchhandlung,

1784.

Titelblatt des Erstdruckes

Ein Drama des „Sturm und Drang"

Kennzeichen des Sturm und Drang: Gefühl gegen Verstand

„In der Bewegung des Sturm und Drang (so genannt nach einem Drama von Maximilian Klinger mit dem ursprünglichen Titel ‚Wirrwarr', 1776) empört sich eine junge Generation gegen die Herrschaft der Ratio und zugleich gegen die gesellschaftlichen und sozialen Verhältnisse im Zeitalter der Aufklärung, Gefühl und Phantasie sprengen die Fesseln einer reinen Verstandeskultur, die Freiheit des Individuums steht über Ordnungsprinzipien, die sich nur von der Vernunft herleiten.
[...]

Schrankenloses Selbstgefühl des Individuums

Das schrankenlose Selbstgefühl der Stürmer und Dränger bricht sich vor allem in dramatischen Werken Bahn. [...] Denn gerade im Raum des menschlichen Handelns vermag das schöpferische Genie sich frei zu entfalten, können ethische Forderungen erhoben und politische und soziale Mißstände angegriffen werden. Zwei Grundhaltungen lassen sich unterscheiden: Die erste stellt die klar geordnete Welt der Aufklärung radikal in Frage und fordert Freiheit des Gefühls und der Leidenschaften. Rücksichtsloser Realismus der Sprache und grenzenloser Subjektivismus kennzeichnen deshalb die Werke des Jakob Michael Reinhold Lenz (z.B. ‚Der Hofmeister', 1774 oder ‚Die Soldaten', 1776) und Heinrich Leopold Wagners (‚Die Kindermörderin', 1776). Eine zweite Gruppe verherrlicht das Kraftgenie, den großen Kerl. Sein Schicksal wird besonders in den Dramen Maximilian Klingers dargestellt. Die Tragödien des jungen Schiller schließen beide Richtungen ein; auch Goethes ‚Götz' steht unter ihrem Einfluß."

Geniebegriff

(Karl Kunze/Heinz Obländer, Grundwissen. Deutsche Literatur, Klett-Verlag, 1976, S. 21f.)

Gemessen an dieser allgemeinen Bestimmung der Wesensmerkmale des „Sturm und Drang" gehört Schillers Jugendwerk „Kabale und Liebe" in mehrfacher Hinsicht zu dieser literarischen Epoche.
Die radikale Kritik an den politischen und gesell-

Merkmale des Sturm und Drangs in „Kabale und Liebe“

schaftlichen Zuständen des Absolutismus, die Betonung des Rechts auf eine individuelle Lebensgestaltung entgegen den überkommenen Normen der gesellschaftlichen Konventionen, der Versuch, die Fesseln der ständischen Zwänge zu sprengen und die Forderung nach „Freiheit des Gefühls und der Leidenschaften“ weisen Schillers Drama als ein Werk des „Sturm und Drang“ aus.

Ferdinand als Prototyp des ‚Stürmers und Drängers‘

Der spezielle Träger dieser Vorstellungen, in gewisser Hinsicht der „große Kerl“, ist Ferdinand von Walter. In dieser Figur vereinigt Schiller wesentliche Elemente dieser Epoche. Das Schlüsselwort für Ferdinand ist „Herz“, sein subjektives Gefühl, das von ihm absolut gesetzt wird über alle realen Gegebenheiten hinweg. Mit diesem Wort begründet er seinen Absolutheitsanspruch gegenüber Welt und Gott. An seinem „Herzen“ mißt er seine Umwelt und die Menschen, die ihm begegnen, nach seinem „Herzen“ beurteilt er alle Situationen, in denen er sich befindet, sein „Herz“ gibt ihm die Kraft, für seine Liebe zu kämpfen, die Welt in die Schranken zu weisen, sein „Herz“ verbindet ihn mit den „ewigen Mächten“, sein „Herz“ schließlich gibt ihm das Recht, über Leben und Tod seiner Geliebten zu entscheiden.

Das ‚Herz‘ als letzte Beurteilungsinstanz

Dieses „Herz“ aber führt ihn andererseits aus der Wirklichkeit in eine Scheinwelt, läßt ihn Menschen und Situationen egozentrisch und damit falsch beurteilen. Luises Wort faßt diese Hybris klar:

> „O des frevelhaften Eigensinns! Ehe er sich eine Übereilung gestände, greift er lieber den Himmel an.“ (V,7)

Das „Herz“ verstellt ihm die Sicht auf die Realität, verbaut ihm den Zugang selbst zu seiner Geliebten, führt endlich mit zur Katastrophe.

Schillers Stellung zum Sturm und Drang

Für Schiller als dem jüngsten dieser Dichtergeneration (geb. 1759; Wagner 1747, Goethe 1749, Lenz 1751 und Klinger 1752) zeigt sich der verabsolutierte Subjektivismus des Sturm-und-Drang-Helden nicht ungebrochen. Ferdinand scheitert eben nicht nur an den äußeren Gewalten, die auf ihn einstürmen; die Hybris, die in der Verabsolutierung des

Individuums liegt, führt ebensowenig zu einer besseren Welt wie die überkommene und überholte gesellschaftliche Ordnung. Am Ende des Stücks liegt die Welt in Trümmern.

Zum Titel des Werks

Titeländerung

Schiller nannte sein Schauspiel „Louise Millerin“ und hob mit diesem Titel die Bedeutung der Figur Luises für die dramatische Handlung des Stücks deutlich hervor. Während der Proben für die Mannheimer Erstaufführung erfand der mit Schiller gleichaltrige Schauspieler und Stückeschreiber August Wilhelm Iffland, der damals die Rolle des Sekretärs Wurm spielte, den publikumswirksameren Titel „Kabale und Liebe“ („Kabale“ = Tücke; Ränke, Intrige). Dieser wurde vom Autor akzeptiert und ist seitdem für das Stück üblich geworden. Unter diesem Titel erschien das Drama 1784 im Druck, und Schiller verwandte danach stets diesen Titel.

Unterschiedliche Beurteilung des Titels

Dennoch ist über die Berechtigung dieses Titels für das Stück viel und sehr kontrovers geschrieben worden. Die Unterschiede in der Bewertung des neuen Titels sind auf die unterschiedlichen Interpretationen des Werkes zurückzuführen. Einige Beispiele aus der fachwissenschaftlichen Literatur sollen die verschiedenen Meinungen stellvertretend beleuchten.

> „Im August 1783 las Schiller den Schauspielern die endgültige Fassung vor und ließ dann das Drama unter dem von Iffland vorgeschlagenen, etwas reißerischen Titel ‚Kabale und Liebe‘ drucken.“
> (Benno von Wiese, Friedrich Schiller; Stuttgart 1959, S. 192).

> „Die ursprüngliche Benennung des Werkes erfuhr eine Änderung, es wurde von Iffland als Gegendienst dafür, daß Schiller dem Familienstück Ifflands dem Titel ‚Verbrechen aus Ehrsucht‘ gegeben hatte, mit dem zugkräftigeren Titel ‚Kabale und Liebe‘ versehen.“
> (Klassik. Erläuterungen zur Deutschen Literatur; Berlin 1978, S. 163.)

> „Das Paar Ferdinand-Luise wird zum Zeugnis, zum sichtbaren Beleg für den ‚Riß zum unendlichen

Weltall'. Zugleich aber auch zur Front oder zum Lager, gegen das die Allianz der zynischen Weltleute – der Präsident, Wurm und Kalb – steht. In diesem Betracht ist Ifflands Titel ‚Kabale und Liebe' völlig angemessen, genauer als der zunächst von Schiller gesetzte."
(Gerhard Storz, Der Dichter Friedrich Schiller, Stuttgart 1959, S. 96).

„Hervorgehoben sei: im Widerspruch zu den bisher gegebenen Interpretationen tritt für uns Luise in den Mittelpunkt der Tragödie: als Opfer und Heldin. Man weiß, daß Schiller den Titel ‚Luise Millerin' gewählt hatte und erst Iffland den, man möchte sagen, ‚Kino'-Titel ‚Kabale und Liebe' erfand, der nun leider trotz seiner Oberflächlichkeit Tradition geworden ist."
(Fritz Martini, Schillers „Kabale und Liebe"; in: Der Deutschunterricht 5, 1952, S. 21.)

„Wir beginnen mit dem Titel. Es ist heute üblich, Schillers ursprüngliche Form ‚Luise Millerin' Ifflands Vorschlag ‚Kabale und Liebe' vorzuziehen. Allerdings enthält Schillers Titel zwei wichtige Hinweise. Wir erfahren, daß nur Luise und nicht etwa das Paar die Hauptperson ist, und die Namensform bezeichnet deutschen Ohren deutlicher als etwa ‚Emilia Galotti' die bürgerliche Heldin. ‚Kabale und Liebe' findet man oberflächlich und reißerisch. ‚Oberflächlich' besagt, daß man von den beiden Begriffen eine thematisch erschöpfende Kennzeichnung erwartet, die sie natürlich nicht leisten. Sie finden sich zwar an einigen Stellen des Stücks (II,1, Lady: ‚Hofkabale – Liebe', vgl. Ferdinand in II,5 und Wurm in III,1), aber da die Liebenden innerlich längst getrennt sind, ehe die Kabale sie zu entzweien beginnt, muß der Titel vom eigentlichen Problem ablenken. Es ist aber die Frage, ob er überhaupt ein Problem andeuten und nicht vielmehr den Affekt des Zuschauers in Bewegung setzen will. Das meint man, wenn man ihn reißerisch nennt, und man mißbilligt gerade, worin für Schiller und seine Zeit der Vorzug dieses Titels lag. Leidenschaften zu erregen und zu beschwichtigen, galt als der Zweck des Dramas [...]. Und hier wird zudem nicht auf beliebige, sondern offensichtlich auf die aristotelischen Affekte hingewiesen: die Kabale versetzt uns in Furcht oder Schrecken, und die Liebe erregt Mitleid und Rührung. [...] Man darf von Ifflands Titel keine Interpretationshilfe erwarten, aber man muß ihm auch den odiosen Klang nehmen, den ihm unser modernes Empfinden beigelegt hat."

(Wolfgang Binder, Schiller. Kabale und Liebe; in: Das deutsche Drama vom Barock bis zur Gegenwart, I. Band; Düsseldorf 1968, S. 252.)

Schillers Theatertheorie zur Entstehungszeit

Noch in der Mannheimer Zeit, 1784, veröffentlichte Schiller im 1. Heft der Zeitschrift „Die Rheinische Thalia“ ein theoretisches Werk über seine damaligen Vorstellungen vom Theater und von der dramatischen Literatur: „Die Schaubühne als moralische Anstalt betrachtet“.

Schillers Theatertheorie zur Entstehungszeit

Es ist nur zu selbstverständlich, daß die in dieser Schrift geäußerten Ideen seinem fast gleichzeitig entstandenen Stück zugrundeliegen. „Kabale und Liebe“ ist jedoch kein Demonstrationsobjekt für die in seinem Aufsatz vorgebrachten Vorstellungen; Schiller verfaßte keine „Lehrstücke“. Die Aussagen der Schrift können aber manchen charakteristischen Zug des Theaterstücks besser erhellen.

Tragödie als Theodizee

Die Tragödie als Theodizee ist der Hauptgedanke des Aufsatzes. (Theodizee bedeutet die Antwort auf die Frage, wie das Vorhandensein des [moralisch] Bösen in der Welt mit der Welt als Schöpfung Gottes in Einklang zu bringen ist.) Eine Aufgabe des Theaterschriftstellers ist es also, die Ordnung der Welt als eine von Gott geschaffene zu zeigen, indem die höhere Gerechtigkeit auf der Bühne wieder hergestellt wird.

Die Bühne hat also eine demonstrierende und erzieherische Aufgabe zu leisten, der Theaterdichter soll „Lehrer des Volkes“ sein, die „Nationalbühne“ einen „Weg zur Bildung einer Nation“ weisen. (Der letztgenannte Aspekt der Schrift wird hier nicht weiter verfolgt.)

Erziehungsauftrag des Theaters

Ein Ziel des Theaters ist die Erziehung zur Veredelung des Menschen durch Bildung. Die dramatische Literatur erfüllt den Menschen mit Liebe zu tugendhaftem Verhalten und mit Abscheu vor dem Laster. Indem das Geschehen auf der Bühne dem Publikum ein Spiegelbild des wirklichen Lebens vorhält, lehrt sie es Nachsicht, Toleranz und bewirkt eine Läuterung der eigenen Leidenschaften. Das Theater ist

Theater als „moralische Anstalt“

also insofern eine „moralische Anstalt“, als daß es durchaus im Aristotelischen und Lessingschen Sinn eine „Katharsis“ bewirken kann.
Freilich, der junge Schiller war sich dessen bewußt, daß das Theater die Menschen und die Welt nicht ändern wird. Aber „die Schaubühne führt uns eine mannigfaltige Szene menschlicher Leiden vor“. Sie gibt „unmittelbare Anschauung von Seelenvorgängen, Seelenerschütterungen und Seelengefährdungen“. So eröffnet das Theater auf eindrucksvolle Weise Kenntnis vom Wesen des Menschen; denn:

> „So gewiß sichtbare Darstellung mächtiger wirkt als toter Buchstabe und kalte Erzählung, so gewiß wirkt die Schaubühne tiefer und dauernder als Moral und Gesetz“.

Mittlerrolle zwischen Freiheit und Notwendigkeit

Die höchste Wirkung der Bühne liegt aber darin, daß sie den Menschen vom Druck des täglichen Lebens befreit. Sie weist einen Weg, daß eine Lösung im Streit zwischen der „harten Notwendigkeit“ und der inneren Freiheit des Menschen möglich ist. Der Kampf des Individuums mit den gesellschaftlichen, sittlichen und religiösen Zwängen wird auf der Bühne vom Menschen idealisch gewonnen:

> „In dieser künstlichen Welt träumen wir die wirkliche hinweg, wir werden uns selbst wieder gegeben“.

Interpretationsansätze

Schillers Jugendwerk ist in der Literaturwissenschaft in seiner Qualität als Dichtung unumstritten; die Interpreten sind sich darin einig, daß dem jungen Dichter mit diesem Drama ein Meisterwerk gelungen sei. Vielschichtigkeit und nicht Eindimensionalität ist allemal ein Zeichen für Qualität in der Literatur; die zahlreichen, voneinander so sehr verschiedenen Deutungsversuche durch die Wissenschaftler bestätigen also nur das Meisterliche an diesem Stück. Drei hauptsächliche Deutungsmöglichkeiten des Dramas lassen sich unterscheiden in der Sekundärliteratur.

Interpretation als soziales Drama

Da ist zunächst die Interpretation als „soziales Drama“, als politisches Tendenzstück. Der Ansatzpunkt liegt nahe: Schiller stellt „Kabale und Liebe“ unmittelbar in seine Gegenwart, klagt die sozialen und politischen Mißstände seiner Zeit realistisch an. In der äußersten Zuspitzung dieses Interpretationsansatzes wird das Stück in das Schema des dialektischen Materialismus gepreßt, die dramatischen Auseinandersetzungen als Zeugnis des Klassenkampfes im antagonistischen Gegensatz zwischen Feudalismus und Bourgeoisie begriffen.

> „Geschichtlich gesehen, spiegelt der persönliche Konflikt Luises, Millers und Ferdinands die gesellschaftliche Auseinandersetzung des aufsteigenden jungen Bürgertums mit dem seine Vorrechte noch zäh verteidigenden Feudalabsolutismus wider ...“ (Klassik. Erläuterungen zur Deutschen Literatur, Berlin 1978, S. 166.)

Der Blick richtet sich dabei naturgemäß auf die Gestalten des – als fortschrittlich begriffenen – (Klein)Bürgertums; der Musiker Miller rückt in den Mittelpunkt; Ferdinand wird als „aufgeklärter Rebell“ begriffen, als „Adelsdemokrat“, der sich von seiner Klasse lossagt. Verständlich, daß in dieser äußersten Position der marxistisch-dialektischen

Sehweise wesentliche Elemente des Dramas – der sogenannte „innere Konflikt“ zwischen den Liebenden, die religiöse Dimension des Stücks – an den Rand gedrängt oder gar beiseite geschoben werden. Diesem Interpretationsansatz entgegengesetzt sind die religiösen und metaphysischen Deutungen des Dramas. Nach ihnen geht es Schiller vor allem – wie in den „Räubern“ – um ein theologisches Anliegen.

Religiöse Deutung des Dramas

Im Mittelpunkt stehe „die Gegenüberstellung einer vorläufigen, verzerrten, irdischen Welt und einer ewigen, gültigen“ (Gerhard Storz). Die Liebe zwischen Luise und Ferdinand wird in ihrer Absolutheit gesehen, ihre Unbedingtheit mißt sich an göttlichen Geboten, nicht an menschlichen. Diese Deutungen richten ihr Augenmerk vornehmlich auf das Ende des Stückes; hier rufe „Schiller das Gericht der Transzendenz an, damit es den Seelenmord an Ferdinand und Luise bestraft und die bis an die Wurzel erkrankte Gesellschaft vor das Forum der Ewigkeit stelle. „Als solches Tribunal ist die Schlußszene gemeint“ (B. von Wiese). Die endzielgerichtete Tendenz des Werkes wird deutlich bei Gerhard Storz:

> „Wie in den ‚Räubern‘, so geht es auch in ‚Kabale und Liebe‘ um die große Probe darauf, ob es ein ewiges Sittengesetz gibt und ob es in unwidersprechlicher Macht gilt. Der Schluß der ‚Räuber‘ gewinnt (...) die merkwürdige Ausweitung und Erhöhung: er mündet in der Überwirklichkeit des Jüngsten Gerichtes. Ausblick und Hinweis darauf erfolgen in ‚Kabale und Liebe‘ von Anfang an in großer Häufigkeit, selbst der Präsident spricht (I,7) vom ‚Donner des Richters‘. Der Ausgang kommt dem der ‚Räuber‘ sehr nahe: Ferdinands Worte an den Vater enthalten eine feierliche Vorladung ‚vor den Richter der Welt‘, und in Wurms jäh ausbrechender Sinnesverwirrung, in seinem Ruf nach Justiz und Gerichtsdienern, im Zusammenbruch des Präsidenten und seiner Selbstauslieferung (‚Jetzt euer Gefangener!‘) scheint das so dringlich angerufene überirdische Gericht jählings hienieden schon hereinzubrechen. Durch dieses bürgerliche Trauerspiel geht also deutlich ein eschatologischer Zug, und allein schon daran wird seine Eigentümlich-

> keit, seine Monumentalität sichtbar, durch die es sich von den vergleichbaren Dramen der Vorgänger und Zeitgenossen abhebt."
> (Gerhard Storz, Der Dichter Friedrich Schiller, 1959, S. 95.)

Diese Deutungsweise stellt die zeitkritischen Züge des Werkes in den Hintergrund, sieht in ihnen mehr Kolorit und Inhalt des Stückes als dessen Thema. Das Werk wird als „Jugenddrama" in der Entwicklung Schillers gesehen, dies zeigt auch der mehrmalige Vergleich mit Schillers erstem Werk, mit den „Räubern". So faßt Benno von Wiese zusammen:

> „Schiller stand am Scheidewege. Vielleicht hätte er politischer Dichter im engeren Sinne werden können, wenn er die Anklage gegen die von ihm so gnadenlos gezeigte Gesellschaft seiner Zeit noch verstärkt hätte. Aber ebenso wichtig war für ihn sein theologisches Anliegen. Wollte er dieses retten, da auch der richtende Gott allein nicht mehr genügte, so mußte er es verwandeln und in jenen Bereich mit hineinnehmen, der sich nach einer solchen Analyse der eigenen Zeit, wie sie Schiller mit ‚Louise Millerin' gegeben hatte, nicht länger umgehen ließ und den der Dichter selber noch nicht genügend kannte: den Bereich der Geschichte. Das aber bedeutet den Weg zu ‚Don Carlos', der einen neuen Glauben in eine neu angeeignete Geschichte hineinträgt und darin zu behaupten sucht."
> (Benno von Wiese, Friedrich Schiller, 1959, S. 218f.)

Existentielle Deutung des Stückes

Den dritten bedeutenden Aspekt, unter dem das Werk betrachtet wird, kann man mit existentieller, sinndeutender Interpretation bezeichnen; diese Deutung geht von der Grundlage der Existenzphilosophie aus. Sie interpretiert das Werk von einer modernen Seite, deutet vor allem die beiden Hauptfiguren in ihren existentiellen Beziehungen. Luise wird als Mensch gesehen, die „um die Grenzen des Menschen in dieser irdischen Wirklichkeit weiß" (Fritz Martini, Schillers Kabale und Liebe, Bemerkungen zur Interpretation des Bürgerlichen Trauerspiels; in: Der Deutschunterricht 5, 1952, S. 18ff.). Sie verzichtet auf die Erfüllung ihrer Liebe eben aus dieser existentiellen Ungewißheit, aus der Unbehaustheit des Menschen in dieser Welt; sie findet weder in den unsicheren Bezügen der sozialen Wirklichkeit, in der sie lebt, noch in der „verbotenen" Liebe zu Ferdinand einen sinngebenden Halt. Dazu trägt vor allem die Art bei, in der Ferdinand seine Beziehung zu Luise versteht. Seine Problematik liege in einem „ungehemmten Subjektivismus", der ins Maßlose führe und eben deshalb keinen Fixpunkt in der Realität finde oder gar (für Luise) darstelle. Ferdinand versagt vor dem Sein des Gegenübers. Er sehe in Luise kein eigenständiges Wesen, er fühle sich als Vollzugsorgan der höheren Macht.

> „Das Mädchen ist mein: immer wieder klingt dieser schauerliche Satz auf, der die freie Person zur Sache entwürdigt." (Adolf Beck: Die Krisis des Menschen im Drama des jungen Schiller; in: Euphorien 49, 1955, S. 163ff.)

Diese Interpretationen, so interessant, anregend und aufschlußreich sie für unsere eigene Standortbestimmung sind, lassen doch weitgehend den historischen Kontext der Entstehung des Stückes außer acht; sie sehen Schiller mehr als unseren Zeitgenossen denn als Menschen des 18. Jahrhunderts, als jungen Dichter des „Sturm und Drang".

Zwei Beispiele

Die beiden abschließend zitierten Auszüge aus neueren Literaturgeschichten sollen zusammenfassend zeigen, wie verschieden das Drama für den Gebrauch im Unterricht der Oberstufe vorgestellt wird.
Der Text aus den „Erläuterungen zur Deutschen Literatur" aus der DDR stellt das Werk als realistisches „soziales Drama", als Kampfstück dar, das Beispiel geben soll und gegeben hat, und als bedeutendes Werk der deutschen Nationalliteratur, während die Verfasser der „Geschichte der deutschen Literatur" (Klett-Verlag, Stuttgart) den literar- und gattungsgeschichtlichen Zusammenhang betonen, das Werk als Beispiel für das bürgerliche Trauerspiel im 18. Jahrhundert sehen.

1. Interpretationsansatz

Interpretation als soziales Drama

„Mit diesem Stück kehrte Schiller zur deutschen Wirklichkeit zurück. Es waren die Erfahrungen seines eigenen Lebens, es waren die württembergischen Zustände seiner Zeit, die Schiller den Vorwurf für dieses, sein größtes realistisches Drama gaben. Überwunden ist hier der ungebärdige Subjektivismus des ‚Räubers' Moor, in diesem Drama gibt es kein ‚Genie' der Sturm-und-Drang-Zeit, das auf eigene Faust die herrschende Ordnung mit untauglichen Mitteln umstürzen will; die Helden von ‚Kabale und Liebe' sind zwei einfache deutsche Menschen, deren Liebe auf die Schranken der herrschenden gesellschaftlichen Verhältnisse stößt. In ‚Kabale und Liebe' gab Schiller realistisch gesehene Charaktere aus dem deutschen Leben seiner Zeit. [...]

Das Drama ‚Kabale und Liebe' wurde zur stärksten Anklage gegen ein ganzes System, weil Schiller, den Bahnen folgend, die Lessing mit ‚Emilia Galotti' gewiesen hatte, den Stoff direkt der deutschen Wirklichkeit entnahm, die er in Württemberg unter der Herrschaft Karl Eugens allseitig studieren konnte. Schiller scheute sich nicht, die realen Erscheinungsformen des deutschen Despotismus auf die Bühne zu bringen. So lagen zum Beispiel der erschütternden Kammerdiener-Szene wirkliche Vorgänge zugrunde. [...] Es ist nicht wichtig, welche Episode Schiller direkt die Anregung zu seiner großen Szene gab. Das Wesentliche ist, daß seine Darstellung der brutalen Methoden, mit denen damals die deutschen Fürsten ihre Untertanen verhandelten, um die Ausgaben für ihr verschwenderisches Schmarotzerleben zu decken, der Wahrheit entsprach und darum zu einer furchtbaren und wirksamen Anklage gegen den deutschen Absolutismus wurde, die ein weites Echo im deutschen Volk fand. Und eine tiefe Wirkung übte auch die Figur seines Ferdinand aus, des ‚deutschen Jünglings', der, allen Verlockungen einer reichen, aber ehrlosen Heirat mit einer fürstlichen Mätresse widerstehend, der höfischen Gesellschaft und auch dem eigenen Vater den Kampf ansagt: ‚Umgürte dich mit dem ganzen Stolze deines Englands – Ich verwerfe dich – ein deutscher Jüngling!' Diese patriotischen Worte, mit denen Ferdinand die fürstliche Mätresse zurückweist, die Kühnheit, mit der er der ganzen höfischen Welt trotzt, fanden bei der von patriotischen Gefühlen erfüllten Jugend stets

einen starken Widerhall, machten Ferdinand in noch höherem Grade als Karl Moor zum Vertreter des Kampfes gegen die herrschenden Zustände. Und auch Luise, die in ihrer Liebe zu Ferdinand aufgeht, die in ihrer jungfräulichen Reinheit den schärfsten Kontrast zu der Sittenlosigkeit der herrschenden Kreise bildet, war eine Gestalt, deren Leid und Unglück tiefe Bewegung auslöste. Mit diesen Gestalten appellierte Schiller an die besten Kräfte der deutschen Jugend, die sich in der Bewegung des Sturm und Drang gegen die Lotterwirtschaft der deutschen Höfe auflehnte und mit Ferdinand in echtem Patriotismus die Mätressenwirtschaft und den Prunk der Machthaber verdammte, der auf der Ausplünderung des Volkes beruhte."
(Klassik. Erläuterungen zur Deutschen Literatur, hg. vom Kollektiv für Literaturgeschichte im Volkseigenen Verlag Volk und Wissen, Berlin 1978[8], S. 164f.)

2. Interpretationsansatz

Einordnen des Stückes in die literaturgeschichtliche Tradition

„Lessings ‚Emilia Galotti' und Schillers ‚Kabale und Liebe' gehören nicht nur zu den wichtigsten und bekanntesten Beispielen des Bürgerlichen Trauerspiels, sie repräsentieren auch einen besonderen Typus: Gezeigt wird, wie bürgerliche Welt- und Lebensordnung in höfische Intrige verstrickt wird und darin scheitert. [...]

Die höfische Welt
[...] Schiller wird hier viel konkreter als Lessing: die brutale Praxis des Soldatenverkaufs, wie sie in der berühmt gewordenen Kammerdienerszene bloßgestellt wird, die Genuß- und Verschwendungssucht eines Fürsten, der das erpreßte Geld in Geschenke für seine Favoritin umsetzt, die eitle Dummheit und schmarotzerhafte Arroganz jener Hofschranzen, wie sie in der Person des Hofmarschalls von Kalb karikiert werden – Schiller zeichnet ein realistisch-düsteres Bild jener Zustände, die er selber kennt.

Die bürgerliche Familie als Gegenmodell?
Der höfischen Welt der ‚Kabale' setzen Lessing und Schiller die private Welt der Familie gegenüber. [...] Es ist die Struktur der bürgerlichen Kleinfamilie, wie sie sich historisch in Deutschland im 18. Jahrhundert allmählich herausbildet. [...]

Es ist insbesondere [die] patriarchalische Struktur, die die Familie des Bürgerlichen Trauerspiels immer wieder ins Zwielicht rückt. Es zeigt sich, daß auch in dieser Welt der Zurückgezogenheit und der festen sittlich-moralischen Grundsätze Autoritätsstrukturen hineinreichen, wie sie das absolutistische System im ganzen bestimmen. [...]

Tragische Konfliktlösung
In beiden Stücken führt der Antagonismus Hof–Familie zum tragischen Schluß. [...]
Schiller verstärkt gegenüber Lessing den Eindruck, daß die Bürger die eigentlichen Opfer sind. Luise und ihr unglücklicher Vater haben im Schlußakt keine Möglichkeit mehr, in den Ablauf der Ereignisse noch entscheidend einzugreifen. [...]
Mit einer weiteren Änderung sprengt Schiller schon fast die Formtradition des Bürgerlichen Trauerspiels. In der letzten Szene sind nicht nur die am Geschehen unmittelbar Beteiligten auf der Bühne; der alte Miller erscheint vielmehr ‚mit Volk und Gerichtsdienern, welche [wie es in der Regieanweisung heißt] sich im Hintergrund sammeln'. Für die Schuld des Präsidenten werden die Gerichte zuständig sein, und der politische Skandal wird sich nicht mehr vertuschen lassen. Anders als Lessing rückt Schiller den dramatischen Vorgang damit wieder in eine Perspektive des Öffentlichen, die Lessing bewußt eliminiert hatte."
(Theo Herold und Hildegard Wittenberg: Aufklärung. Sturm und Drang = Geschichte der deutschen Literatur, Band 1, S. 62 ff.; Ernst Klett Verlag Stuttgart 1983.)

Historische Bezüge des Stücks

Bezüge zu den Zuständen in Württemberg

Die gesellschaftlichen und politischen Zustände, die Schiller seinem Trauerspiel zugrundelegt, beziehen sich auf die damalige Situation im Herzogtum Württemberg unter Karl Eugen. Herzog Karl Eugen war 1737 als neunjähriger Knabe Nachfolger seines verstorbenen Vaters geworden und trat im Alter von 16 Jahren die Alleinregierung an. Im allgemeinen setzt die Geschichtsschreibung eine Zäsur in der langen Regierungszeit Karl Eugens mit dessen 50. Lebensjahr (1778) an: Verschwendungs- und Ruhmsucht vorher, Betonung des landesväterlichen Aspekts mit einem ausgeprägten pädagogischen Willen in der zweiten Hälfte. (Karl Eugen starb 1793.) Von diesen erzieherischen Ambitionen des Herzogs wurde Schiller persönlich betroffen: mit 13 Jahren kam er (1772) als „Eleve" auf die herzögliche „Militär-Akademie" (die spätere „Hohe-Karls-Schule"), die Schiller acht Jahre lang besuchte und 1780 mit 21 Jahren als junger Mediziner verließ. Sein Vater stand ebenfalls im fürstlichen Dienst; er wurde 1775 zum Major und „Intendanten" der herzöglichen Hofgärtnerei ernannt, die neben dem vom Herzog 1764–1769 erbauten Schloß Solitude bei Stuttgart angelegt worden war. So kannte Schiller die zwei Zentren des damaligen württembergischen Hofes – die Residenz Stuttgart und das Lustschloß Solitude – aus nächster Nähe.

Die absolutistischen Praktiken, die Schiller in dem Stück kritisiert, umfassen fünf Bereiche.

Verschwendungssucht

1. Die Verschwendungssucht am herzöglichen Hof (siehe v.a. II,2)

Hofhaltung

Obwohl Württemberg ein verhältnismäßig armes Land war (zu der Zeit etwa 600000 Einwohner), umfaßte der Hofstaat Karl Eugens zeitweise rund 2000 Personen, denen alle ein standesgemäßes Leben ermöglicht werden mußte. Das Vorbild in der Hofhaltung war für Karl Eugen der Versailler Hof, und dementsprechend aufwendig ging es bei den häufigen Festen, Bällen, Opernaufführungen, Feuerwerken und Jagden zu. Bei besonderen Anlässen erhielten die anwesenden Damen beispielsweise Geschenke im Wert von 50000 Talern. Der Herzog pflegte den Fasching in Venedig zu feiern, auf welche Reisen ihn gewöhnlich an die 700 Personen begleiteten und deren Reise- und Aufenthaltskosten selbstverständlich von Staats wegen beglichen wurden. Daneben entfaltete Karl Eugen eine rege Tätigkeit in der Errichtung repräsentativer Bauten: das Neue Schloß in Stuttgart, die Lustschlösser Solitude und Hohenheim bei Stuttgart, Monrepos bei Ludwigsburg verschlangen Unmengen von Geld. Aus dem Ausland wurden viele Künstler angeworben, die Oper in Stuttgart kostete Unsummen:

Errichten von Repräsentativbauten

> „Theater und Jagden, Prunkbauten und Soldaten kosteten viel mehr, als das Land auf geordnetem Wege aufbringen konnte."
> (E. Marquardt, Geschichte Württembergs, 1962, 2. Auflage, S. 202f.)

Da mußte der Herzog – neben anderen Geldquellen wie einem Subsidienvertrag mit Frankreich und dem Verkauf von Soldaten – der Bevölkerung das Geld regelrecht abpressen. Schiller übrigens benutzte die ungewöhnlich aufwendigen Festlichkeiten anläßlich des Besuchs des Großfürsten Paul von Rußland in Stuttgart als günstige Gelegenheit zu seiner Flucht nach Mannheim (22. September 1782).

Auspressen der Bevölkerung

2. Das Mätressenwesen (siehe v.a. II,1 und 3; IV, 7–9)

Mätressenwesen

Herzog Karl Eugen war seit 1748 mit Elisabeth Friederike von Brandenburg-Bayreuth, einer Nichte Friedrichs des Großen, verheiratet. Bald aber hatte der Herzog neben seiner Frau die üblichen Affären. Der Hofkalender verzeichnete zeitweise sechs solcher Damen gleichzeitig. (Die Herzogin verließ deshalb den württembergischen Hof und kehrte nie wieder dorthin zurück.) Favoritin Karl

Eugens war seit 1767 die Italienerin Katarina Bonafini. Ihre Nachfolgerin wurde Franziska von Leutrum, damals 23 Jahre alt. Die Venezianerin Bonafini wurde deshalb 1771 mit dem Rittmeister von Poeltzig verheiratet. Franziska, seit 1774 Reichsgräfin von Hohenheim und seit 1780 mit Karl Eugen verheiratet, wurde das Vorbild für die Lady Milford in „Kabale und Liebe". Sie hatte einen günstigen Einfluß auf die Person des Herzogs:

Zeitgenössisches Vorbild der Lady Milford

> „Es war das Glück des Landes, daß ‚des Herzogs Franzel' eine ebenso kluge wie gütige Frau war, die es verstand, dem eigenwilligen Manne ihre Vorschläge als eigene Entschlüsse zu suggerieren."
> (E. Marquardt, a.a.O., S. 212.)

Intrigen

3. Intrigen (siehe v.a. I,5 und I,7; II,7 und Letzte Szene)

Zeitgenössische Vorbilder für den Präsidenten

Für die Verbrechen, durch die Schiller in seinem Stück den Präsidenten ins Amt gelangen läßt, finden sich auch Vorbilder im Herzogtum Württemberg. Der zur Zeit Schillers als leitender Minister am württembergischen Hof amtierende Graf Friedrich Samuel Monmartin hatte sich (1762) das alleinige Vertrauen des Fürsten durch eine infame Intrige (gefälschte Briefe) gegen seinen einstigen Mitminister und nunmehrigen Rivalen, den Oberkriegsrat Friedrich Philipp Rieger, verschafft. Rieger, der dem Herzog mit brutalsten Mitteln die Soldatenaushebungen im Land organisiert hatte, wurde nun – nicht wie der Rivale in Schillers Stück beseitigt – aber doch aus seinem Amt gejagt und als Hochverräter für Jahre gefangengesetzt.

Willkürherrschaft

4. Willkürherrschaft (siehe v.a. II,6 und 7; III,3)

Umgang mit Kritikern der absolutistischen Ordnung

Bei seiner Kritik an willkürlichem Vorgehen der Herrschenden gegenüber den Untertanen, an Verhaftungen und Einkerkerungen ohne jedes gerichtliche Urteil dachte Schiller sicher in erster Linie an das Schicksal des Journalisten und Dichters Christian Friedrich Daniel Schubart. Den streitbaren und angriffslustigen Kritiker der absolutistischen Machenschaften ließ der Herzog mehr als zehn Jahre auf der Festung Hohenasperg einkerkern (1777–1787). Bezeichnend war die Art, wie man

Schubarts habhaft wurde. Anläßlich eines Aufenthalts in der freien Reichsstadt Ulm wurde der leichtsinnige Dichter mit falschen Angaben nach Blaubeuren gelockt, also auf württembergisches Territorium, dort verhaftet und sogleich eingesperrt.
Schiller hätte auch an das Schicksal des berühmten Staats- und Völkerrechtlers Johann Jakob Moser denken können. Moser wurde 1751 von den württembergischen Landständen zu deren „Sprecher" ernannt und geriet alsbald in dieser Position in Gegensatz zum regierenden Fürsten. Deshalb ließ ihn Karl Eugen 1759 – ebenfalls ohne Gerichtsurteil – verhaften und fünf Jahre lang auf der Festung Hohentwiel einsperren.

5. Soldatenverkauf (siehe II,2)

Soldatenverkauf

Auch eines der trübsten Kapitel absolutistischer Machtausübung, der Verkauf von „Landeskindern" ins Ausland, fand Schiller in der württembergischen Politik vor. An sich war die Vermietung von regulären Truppen – Berufssoldaten – an fremde kriegführende Staaten zu der Zeit eine allgemein übliche und anerkannte Praxis. Beim sogenannten „Soldatenhandel" ging es jedoch um etwas anderes: hier wurden – oft auch von ausländischen Werbern – Bauern-, Handwerker- und Arbeitersöhnen mit zum Teil übelsten Methoden (Anwendung von Drohung und Gewalt, Einsatz von Alkohol und Narkotika) in die fremden Armeen gepreßt. Der „Landesvater" erhielt dafür hohe Summen an Kopfgeldern. Zwischen 1775 und 1783 erfolgten vor allem folgende Truppenlieferungen an England: aus Hessen-Kassel 16992 Mann für 1223257 £, aus Braunschweig 5723 Mann für 172696 £, aus Hessen-Nassau 2422 Mann für 173174 £.

Geldbeschaffung durch Vermietung von Soldaten und durch Soldatenhandel

Diese Praxis wurde in bezug auf Württemberg von Schubart in seinem „Teutschen Merkur" öffentlich gegeißelt. So schrieb er dort am 28. März 1776:

> „Der Herzog von Württemberg soll 3000 Mann an Engelland überlassen, und dieß soll die Ursache seines gegenwärtigen Aufenthalts in London seyn – !!!"

Entstehungsgeschichte und erste Aufführung

Anfänge des Trauerspiels 1782

Die Anfänge des Trauerspiels „Louise Millerin" reichen zurück in die Zeit der Flucht des Zweiundzwanzigjährigen aus Württemberg. (Schiller schrieb seinerzeit „Louise", die Schreibweise „Luise" kam später auf.) Der junge Dichter entwickelte auf den langen Fußmärschen von Mannheim nach Frankfurt Anfang Oktober 1782 seinem Freund Andreas Streicher im Gespräch die ersten Pläne für das Stück. Mitte Oktober 1782 entstanden im Gasthaus „Viehhof" in Oggersheim (bei Mannheim) die ersten schriftlichen Ausarbeitungen. Obwohl die Umarbeitung des „Fiesko" für die Mannheimer Bühne dringlicher gewesen wäre, war Schiller so besessen von seinem neuen Stück, daß er „schon am ersten Abend" der Ankunft in Oggersheim daranging, die dramatischen Pläne für die „Louise Millerin" zu fertigen; er war

> „so eifrig beschäftigt, alles das niederzuschreiben, was er bis jetzt darüber in Gedanken entworfen hatte, daß er während ganzer acht Tage nur auf Minuten das Zimmer verließ." (Bericht von Andreas Streicher)

Rasche Skizzierung der Hauptzüge Oktober 1782

In der Zeit vom 10. bis etwa 22. Oktober 1782 war das Stück in seinen Hauptzügen niedergeschrieben, doch nicht völlig im Dialog ausgeführt und nicht vollendet. (Es enthielt auf jeden Fall nicht den vierten Akt und vermutlich auch nicht den Schluß; zudem fehlten einige Zwischenglieder.) Die erforderliche Umarbeitung des „Fiesko" unterbrach die Arbeit an der „Louise Millerin". Erst im Dezember 1782 machte sich Schiller wieder an das Trauerspiel. Der siebeneinhalb Monate dauernde Aufenthalt auf dem Gut der Frau von Wolzogen in Bauerbach bei Meiningen (7. Dez. 1782 – 24. Juni 1783) war vor allem mit der Arbeit an dem Stück ausgefüllt. Schiller ging mit dem ihm üblichen Eifer an

Ausarbeitung im Laufe des Jahres 1783

das Werk. Am 28. Januar 1783 schrieb er „zwischen 11 und 12 Uhr des Nachts“ an Friedrich Wilhelm Hermann Reinwald, einen mit den Wolzogens bekannten Bibliothekar in Meiningen:

> „Meine ‚Louise Millerin‘ geht mir im Kopf herum. – Ich bin wirklich sehr arbeitsam und freue mich, wenn mein Tagwerk vollendet ist.“

Im Februar 1783 glaubte er, damit fertig zu sein; er bat Reinwald um „ein Buch recht gutes Schreibpapier, meine ‚Louise Millerin‘ darauf abzuschreiben.“ Aber wie für die Arbeitsweise des damals Dreiundzwanzigjährigen üblich, beschäftigte sich Schiller gleichzeitig bereits mit Plänen für ein neues Stück, den „Don Carlos“, die ihn nun mehr fesselten als die endgültige Reinschrift der „Louise Millerin“. Im März 1783 kam Nachricht vom Mannheimer Theater in die Bauerbacher Einsamkeit: Intendant Dalberg wollte das neue Stück für die Bühne. Die wohl von Dalberg für eine Aufführung geforderten Voraussetzungen und die eigene Beurteilung des Stücks („... der Vielfältigkeit der Charaktere und der Verwicklung der Handlung, der vielleicht allzufreien Satire und Verspottung einer vornehmen Narren- und Schurkenart ...“) zwangen den Dichter, sich mit Veränderungen und Erweiterungen des Dramas zu beschäftigen:

Notwendige Veränderung und Erweiterung 1783

> „Ich hätte sie endlich gerne aus dem Kopf, um mich gänzlich mit meinem ‚Karlos‘ zu beschäftigen.“ (Brief an Reinwald vom 24. April 1783)

Doch die Bearbeitung machte Mühe („Das ist etwas Verhaßtes, schon gemachte Sachen zernichten zu müssen.“), kostete Zeit und Kraft. Was ihn aufhielt, waren vermutlich die erweiterte Rolle der Lady Milford und sicher die Ausarbeitung des vierten Aktes. Am 5. Mai 1783 „jagte“ ihn seine „‚L.M.‘ schon um fünf Uhr aus dem Bette“:

> „Da sitz ich, spitze Federn, und käue Gedanken. Es ist gewiß und wahrhaftig, daß der Zwang dem Geist alle Flügel abschneidet. So ängstlich für das Theater – so hastig weil ich pressiert bin, und doch

> ohne Tadel zu schreiben ist eine Kunst. Doch gewinnt meine *Millerin* das fühl ich."

Und am 14. Juni klagte er:

> „Gott dem Allmächtigen will ich danken, wenn ich fertig bin! Ganze vierzehn Tage ist kaum etwas daran gethan worden, weil ich immer schwankte und meine streitenden Gedanken nicht zu vereinigen wußte."

Endlich, Ende Juli 1783, als er Reinwald seine Reise nach Mannheim anzeigte, konnte er aufatmen:

> „Meine ‚Louise Millerin' nehme ich mit und zeige sie ihm (d.i. Dalberg)."

Das fertige Trauerspiel also im Gepäck kehrte Schiller im August 1783 nach Mannheim zurück und las daraus während einer Gesellschaft beim Mannheimer Theaterintendanten vor. Eine Aufführung wurde geplant. Der mit Schiller gleichaltrige, bereits berühmte Schauspieler August Wilhelm Iffland fand dafür den zugkräftigen Titel „Kabale und Liebe".

Bühnenfassung des Stückes August 1783

Wieder waren Veränderungen notwendig, die Bühnenfassung des Stücks entstand, das sogenannte „Mannheimer Soufflierbuch"; vieles war schon von vorneherein durch den jungen Dichter auf Zustände und Personal des Mannheimer Theaters zugeschnitten worden, nun wurde vermutlich noch weiteres daran angeglichen. In einem Bericht können wir über diese Umarbeitung erfahren:

> „Er hatte ... vielen Umgang mit den damaligen Schauspielern der Mannheimer Bühne, dem nachmaligen Hofschauspieler Müller in Wien, mit Iffland, Beck, Böck u.a. Besonders besuchte er oft Müller und brachte dort manchen Abend in der Gesellschaft der oben genannten Schauspieler und der Gattin Müllers zu; wenn die andern sich aber entfernten, forderte er mehrmals noch Wein, Kaffee, Tinte und Papier und schrieb die Nacht hindurch mehrere Szenen zu seiner Tragödie: *Kabale und Liebe.* Müller fand ihn dann gewöhnlich des Morgens in seinem Zimmer auf einem Lehnsessel,

in einer Art von Starrkrampf, so daß er ihn einmal wirklich für tot hielt. Die Gattin des Schauspielers Beck fragte ihn einst: ob ihm nicht die Gedanken ausgingen, wenn er so die Nacht dichte? – ‚Das ischt nit anders‘, antwortete Schiller, der damals noch ganz den breiten schwäbischen Dialekt sprach; ‚aber schauns, wenn die Gedanken ausgehn, da mal ich Rössel.‘“

Und die Tochter des Buchhändlers Schwan berichtete eben über diese Phase:

„Schiller (schrieb) die Rolle der Luise ganz nach ihr, dieser Caroline (der Braut des Schauspielers Beck), und für sie. Er kopierte sie eigentlich samt ihren Vergißmeinnichtaugen, – sowie auch der Musikus Miller eine frappante Kopie von Beil war, weshalb dieser auch die Rolle so vorzüglich spielte, da er eigentlich zu diesem Charakter gesessen war. Schiller hatte damals das dreitägige Fieber, kam aber immer zwei Abende dazwischen zu meinem Vater und las ihm vor, was wieder entstanden war, oder ließ es meine Schwester vorlesen; den dritten Abend, wo das Fieber kam, schickte er die Aushängebogen, auch nicht selten bekam er das Fieber bei uns. Du kannst Dir denken, wie interessant es war, *Kabale und Liebe* so nach und nach entstehen zu sehen; aber mein Vater bekam oft Händel mit Schiller, und nannte ihn einen Schinder, einen Folterknecht usw.“

Großer Erfolg der Uraufführung 1784

Am 13. April 1784 fand die Uraufführung der „Kabale und Liebe“ in Frankfurt am Main statt; im Mannheimer Nationaltheater wurde das Stück zwei Tage später, am 15. April, zum ersten Mal mit großem Erfolg gespielt. Schiller war bei der Mannheimer Erstaufführung anwesend. Andreas Streicher berichtete darüber:

„Um der Aufführung recht ungestört beiwohnen zu können, hatte Schiller eine Loge bestanden und seinen Freund S. zu sich dahin eingeladen.
Ruhig, heiter, aber in sich gekehrt und nur wenige Worte wechselnd, erwartete er das Aufrauschen des Vorhanges. Aber als nun die Handlung begann – wer vermöchte den tiefen erwartenden Blick, das Spiel der unteren gegen die Oberlippe, das Zusam-

menziehen der Augenbrauen, wenn etwas nicht nach Wunsch gesprochen wurde, den Blitz der Augen, wenn auf Wirkung berechnete Stellen diese auch hervorbrachten, wer könnte dies beschreiben! Während des ganzen ersten Aufzuges entschlüpfte ihm kein Wort, und nur bei dem Schlusse desselben wurde ein ‚Es geht gut' gehört.
Der zweite Akt wurde sehr lebhaft und vorzüglich der Schluß desselben mit so vielem Feuer und ergreifender Wahrheit dargestellt, daß, nachdem der Vorhang schon niedergelassen war, alle Zuschauer auf eine damals ganz ungewöhnliche Weise sich erhoben und in stürmisches einmütiges Beifallrufen und Klatschen ausbrachen."

Drucklegung des Stücks

Kurze Zeit darauf erschien das Stück im Druck beim Buchhändler und Verleger Christian Friedrich Schwan mit dem Titel: „Kabale und Liebe, ein bürgerliches Trauerspiel in fünf Aufzügen von Fridrich Schiller. Mannheim, in der Schwanischen Hofbuchhandlung. 1784." und „Kabale und Liebe, ein bürgerliches Trauerspiel in fünf Aufzügen von Fridrich Schiller. Frankfurt und Leipzig. 1784."

Die Person Friedrich Schiller

Situation zur Zeit der Entstehung des Stücks

Schiller schrieb sein drittes Schauspiel in den Jahren 1782 bis 1784. Die Hauptarbeit an der „Kabale und Liebe" wurde im Asyl in Thüringen geleistet, wo der 23jährige nach seiner Flucht aus Württemberg vom Dezember 1782 bis zum Juni 1783 einen vorläufigen Unterschlupf auf dem Gutshof der in Stuttgart lebenden Frau von Wolzogen gefunden hatte. Dieser Gutshof war ein besserer Bauernhof und das Dorf Bauerbach ein abgelegenes Nest. Der junge schwäbische Dichter war dort in eine fremde Umgebung gestellt, ohne Freunde, ohne die Möglichkeit, in freundschaftlichem Gespräch mit Gleichgesinnten und Gleichaltrigen Gedanken austauschen zu können. Der einzig wirklich fruchtbare Kontakt in jener Zeit ergab sich aus dem Briefwechsel mit dem 22 Jahre älteren Bibliothekar Friedrich Wilhelm Hermann Reinwald, der im benachbarten Städtchen Meiningen wohnte. Einige Mitteilungen Schillers an Reinwald sollen die Situation zeigen, in der sich der Autor damals befand.

Aufenthalt in Thüringen Dezember 1782 – Juli 1783

Fremde Umgebung

Kontakt mit Bibliothekar Reinwald

Situation Schillers in Bauerbach

> Bauerbach, 9. 12. 1782
>
> „Zu meiner itzigen Einsamkeit in einem fremden Lande bedurfte ich eines edelmütigen Freunds. Darf ich mich mit der schmeichelhaften Hoffnung wiegen, daß Sie es mir sein werden? Sie waren so gütig meiner Bitte zuvorzukommen, und mir in meinen literarischen Bedürfnissen Vorschub zu versprechen. Ich bin also so frei Ihnen ohngefähr diejenige Schriften zu merken, die mir zuerst eingefallen, und meinem gegenwärtigen Wunsch am nächsten liegen. Sie sind: Lessings kritische Schriften, also ohngefähr *Dramaturgie, Theaterbibliothek, Beiträge zur Literatur, Laokoon* ...
>
> Noch eine Bitte erlaube ich mir an Sie. Weil ich gern unerkannt bleiben möchte, so würde ich Sie

ersuchen, mir zu erlauben, daß ich die Briefe die an mich einlaufen an Sie adressieren lassen kann, unter den festgesetzten Bedingungen, daß Sie sich in die Unkosten die dabei notwendig sind, nicht mischen."

23. 12. 1782

„Wenn ich Ihre Freundschaft nicht mißbrauche, so haben Sie doch die Güte ein Pfund guten Schnupftobak für einen armen schmachtenden Freund zu besorgen."

14. 2. 1783

„Zum Vierten (Lachen Sie mich nicht aus) schenken Sie mir doch etwas Dinte. [...]
Zum Sechsten ein Buch recht gutes Schreibpapier, meine *Louise Millerin* darauf abzuschreiben. Das holländische stumpft mir die Federn so ab."

März 1783

„Ihr vorgestriger Besuch hat eine ganz herrliche Wirkung auf mich gehabt. Ich fühle mich doppelt wieder, und wärmeres Leben ergießt sich durch alle meine Nerven. Meine Lage in dieser Einsamkeit hat meiner Seele das Schicksal eines stehenden Wassers zugezogen, das in Fäulung ginge, wenn es nicht je und je in eine kleine Wallung gebracht würde."

Bauerbach, 12. 4. 1783

„Ich habe, seitdem ich von Haus weg bin, stets den Fall vermieden Geld von Haus zu verlangen, und immer von meinen Revenüen gelebt. Weil mir aber der Plan mit meiner *Louise Millerin* fehlschlug und außerdem einige Einnahmen auf die ich zählte, ausblieben (z. E. einige Caroline die mir Schwan wegen *Fiesko* noch zu bezahlen hat, und der Wert einer Uhr die ich einem Landsmann in Mannheim zurückgelassen) so ist es gekommen daß sich meine Börse erschöpft hat. Es ist aber *mein* Fehler, daß ich nicht zur Vorsorge früher nach Haus schrieb."

Hauptprobleme Schillers

Damit sind die Hauptprobleme Schillers zu jener Zeit genannt: Losgerissen von seinen Freunden befand er sich in steter Furcht, ob man ihn nicht von

Württemberg aus verfolgte (so lebte er unter falschem Namen und fingierte in seinen Briefen oft die Ortsangaben, um Nachforschungen nach seinem Aufenthalt zu erschweren); die Heimatlosigkeit belastete den jungen Mann. Drückender aber war sei-

Friedrich Schiller. Unvollendetes Ölporträt aus der Mannheimer Zeit von unbekannter Hand.

Drückende finanzielle Lage

ne finanzielle Lage. Ohne eigene Einkünfte und Vermögen war er auf Unterstützung durch andere angewiesen. Doch nicht genug an seiner Mittellosigkeit, Schiller hatte beträchtliche Schulden:

> „Machen wir einmal die Schuldenrechnung auf: Die Grundlage des Schuldenbergs bildet das Darlehen in Höhe von 150 Gulden für die Druckkosten der *Räuber*; das war im März 1781. Ein Jahr darauf mußte er einen Betrag von ähnlicher Höhe leihen, um seine *Anthologie auf das Jahr 1782* drucken zu lassen. Diese Schulden hingen ihm an, als er aus Württemberg floh.
> Die nächsten Schulden erwachsen ihm in Bauerbach. Zwar wohnte er im Wolzogenschen Haus als Gast, das Kostgeld jedoch – er bezog seine Mahlzeiten aus dem Wirtshaus – und die unvermeidbaren kleinen Ausgaben wurden ihm von der Gutsherrin vorgestreckt. Weltrich berechnet diese Ausgaben mit 540 Gulden, was mir zu hoch erscheint, denn das wären fast 70 Gulden monatlich. Mag diese Schuld also bedeutend niedriger und die Dringlichkeit durch Freundschaft gemildert gewesen sein, sie zählte auch. Eine schwere Last lud er sich aber auf die Schultern, als er vor der Abreise aus Bauerbach bei Israel ein Darlehen von wahrscheinlich fast 600 Gulden aufnahm – das doppelte der alten Stuttgarter Schulden! Frau von Wolzogen übernahm die Bürgschaft, und das war kein halbverbindliches Geschäft unter Freunden mehr.
> Selbst wenn man das, was Schiller der mütterlichen Freundin direkt schuldig geblieben war, sehr niedrig ansetzt, war seine Schuldenlast, als er nach Mannheim zurückkehrte, auf mindestens tausend Gulden angewachsen. Das war mehr als das dreifache des Gehalts, das ihm dann als Theaterdichter zugestanden wurde. Wie wollte er da an Schuldentilgung denken? (Die Umrechnung alter Münzsorten in heutige Kaufkraft kann nur vage Annäherungswerte ergeben. Hier irrt auch der sonst so genaue Weltrich beträchtlich, wenn er um 1900 einen Gulden mit 10 M gleichsetzt. Wenn wir aber den Gulden rheinisch mit 20 DM, Kaufkraft von 1980, ansetzen, so ist das sehr vorsichtig gerechnet, und das ergibt eine Schuld von 20000 – bei einem Jahresgehalt von 6000!)“
> (Peter Lahnstein, Schillers Leben; München 1981, S. 172f.)

Im August 1783 fuhr Schiller von Bauerbach ab nach Mannheim, wo er sich mit seinem neuen Drama einen ähnlich großen Erfolg im Nationaltheater erhoffte wie bei der Aufführung der „Räuber". Daneben winkte eine feste Anstellung als Theaterdichter, die ihm der Mannheimer Intendant von Dalberg offeriert hatte. Schillers Aufenthalt in Mannheim dauerte eindreiviertel Jahre (vom August 1783 bis zum April 1785). Die Stellung als Theaterdichter brachte ihm wohl ein regelmäßiges Einkommen, das aber gerade für den Lebensunterhalt reichte, jedoch nicht für die Rückzahlung der Schulden. Mit der Theaterposition war die Verpflichtung verbunden, ein neues Stück für die Bühne zu liefern. Schiller konnte dieser Auflage in der festgesetzten Zeit nicht nachkommen; der „Don Carlos" wurde nicht rechtzeitig fertig und der Vertrag als Theaterdichter nicht verlängert. So verließ Schiller Mannheim im April 1785 als durchaus bekannter Schriftsteller, aber mittellos, wie er gekommen war.

Aufenthalt in Mannheim August 1783

Die Mannheimer Zeit hatte für Schiller positive Erlebnisse gebracht (den geselligen Kreis mit den Schauspielern des Nationaltheaters, den Erfolg bei der Aufführung von „Kabale und Liebe"), aber auch negative Erfahrungen (die Schwierigkeiten mit dem Theaterintendanten und – vor allem – die ernsthafte Erkrankung, von der er sich nur schwer erholte und die vermutlich bleibende Schäden hinterließ).

Schillers Jugendjahre

Diese Momentaufnahme aus den Entstehungsjahren der „Kabale und Liebe" bedarf eines kurzen Rückgriffs auf Schillers Leben, der stichwortartig geleistet werden soll:

Rückblick auf Schillers Leben 1759 – 1782

Am 10. November 1759 wurde Friedrich Schiller als zweites Kind der Dorothea Schiller, geb. Kodweiß, und des Wundarztes und späteren Offiziers Johann Kaspar Schiller in Marbach am Neckar geboren.

Eintritt in die Militärakademie

Im Alter von 13 Jahren kommt Schiller am 16. Januar 1773 als „Eleve“ auf die „Herzogliche Militär-Akademie“ auf die Solitude bei Stuttgart. Dort erhält er Unterricht in den Fächern Deutsch, Literatur, Latein, Griechisch, Französisch, Geschichte, Geographie, Mathematik, Naturkunde, Religion und Philosophie; aber auch im Fechten, Reiten und Tanzen. Sein Fachstudium ist Jura, seit 1775 – die Akademie ist nach Stuttgart umgezogen und heißt nun „Hohe-Karls-Schule“ – Medizin.

Erstes Schauspiel: „Die Räuber“

Am 14. Dezember 1780 besteht Schiller sein Examen als Arzt und verläßt die „Hohe-Karls-Schule“. Nebenher hatte er heimlich sein erstes Schauspiel, „Die Räuber“, geschrieben.

Er erhält nun eine Anstellung als „Regimentsmedikus“ beim Invaliden-Regiment Augé in Stuttgart, bleibt also in quasi herzöglich-militärischen Diensten. Trotz des kärglichen Gehalts von 18 Gulden im Monat genießt er seine Freiheit und führt zusammen mit Freunden ein „wildes Leben“.

Schiller gibt im Frühjahr 1781 „Die Räuber“ auf eigene Kosten im Selbstverlag anonym heraus, was ihm eine hohe Verschuldung einbringt.

Am 13. Januar 1783 findet die Uraufführung der „Räuber“ in Mannheim statt. Im Februar veröffentlicht Schiller seine erste Gedichtsammlung, „Anthologie auf das Jahr 1782“, ebenfalls anonym und ebenfalls auf eigene Kosten.

Ein zweiter Besuch in Mannheim, ohne dienstliche Erlaubnis, bringt ihm 14 Tage Arrest ein und ein Schreibverbot (außer für medizinische Fachliteratur).

Flucht nach Mannheim

Am 22. September 1782 flieht Schiller zusammen mit seinem Freund Andreas Streicher aus Stuttgart nach Mannheim, ins kurpfälzische Ausland. Im Oktober – aus Sorge um Verfolgung und möglicher Verhaftung – wandern die Freunde nach Frankfurt und kehren unter falschem Namen in die Nähe Mannheims, in das Dorf Oggersheim, zurück. Dort leben sie bescheiden von der Reisekasse Streichers, die dieser erhalten hatte, um nach Hamburg zu reisen und dort ein Musikstudium zu beginnen.

Am 30. November 1782 nimmt Schiller das Angebot der Frau von Wolzogen an, ihn auf ihrem Gut in Bauerbach unterzubringen.

Prägung durch die Karlsschule und den strengen Drill

Die entscheidende Prägung erhielt der junge Schiller auf der Militär-Akademie, die er vom 14. bis zum 21. Lebensjahr besuchte, auf der er also die wichtigsten Entwicklungsjahre verbrachte. Deshalb ist auch in der Schillerforschung stets ein großes Gewicht auf die Jahre in der „Hohen-Karls-Schule" gelegt worden. Auf der einen Seite wird die militärische Ausrichtung der Erziehung auf der Akademie betont, die äußerst strenge Disziplin, der die Schüler dort unterworfen wurden, das sprunghafte persönliche Eingreifen des Herzogs in die Erziehungsarbeit der Schule nach eigenen pädagogischen Vorstellungen. Die negative Beeinflussung der Entwicklung der Schüler wird hervorgehoben, zumal auf einen empfindsamen und zugleich freiheitsliebenden, oft rebellierenden Jugendlichen wie Friedrich Schiller.

Isoliertheit von der Außenwelt

Weitgehend abgeschlossen von der Außenwelt entstand unter den jungen Menschen als Gegengewicht zu der strengen und engen Ordnung der Anstalt ein besonders stark ausgeprägter Freundschaftskult mit eigenem Ehrenkodex, der teilweise pubertär abenteuerliche Züge trug. In heimlichen Zusammenkünften im Freundeskreis schwur man sich ewige Treue, verfluchte das Mißgeschick, in einer so kleinlichen und korrupten Zeit leben zu müssen, beschwor die angeblich so großen Heldenzeiten der Antike.

Lektüreerlebnisse

Aber die jungen Leute diskutierten auch über ihre Lektüre, zumal über die neue Literatur des „Sturm und Drang" und lasen sich gegenseitig ihre eigenen schriftstellerischen Erzeugnisse vor.

Die Beschäftigung mit politischen und geistigen Strömungen der Zeit und mit der neuen Literatur und Philosophie mußte aber auf der Akademie keineswegs nur heimlich geschehen. Dies ist die andere Seite: aufgeschlossene Lehrer versorgten die Schüler mit entsprechender Lektüre, und zumal Friedrich Abel, ein Lehrer, dem Schiller viel verdankte, machte die jungen Leute mit den neuen Büchern bekannt; die Ideen der Aufklärung fanden durchaus Eingang in die Akademie. Lessing und Rousseau vor allem beeinflußten Schiller damals nachhaltig. Er hatte Shakespeare und Klopstock gelesen und die neuen „Sterne" am Literaturhimmel, auch den jungen Goethe.

Für den 23jährigen Schiller, der an die Arbeit der „Kabale und Liebe“ geht, kann man feststellen: Abgeschlossen in die Welt der Akademie, angewiesen auf den Umgang mit Mitschülern, Offizieren und Lehrern konnte der junge Mann so gut wie keine Erfahrung über das Leben außerhalb dieser engen Welt sammeln. Auf der anderen Seite ist es Schillers besondere Begabung, aus theoretischem Wissen Leben entstehen zu lassen. Dieses allerdings trägt den typischen Schillerschen Duktus; die Menschen darin und ihr Handeln stimmen nicht immer mit der oft banalen, aber farbenreichen Wirklichkeit überein; das Idealische dominiert, nicht das Realistische.

Ideen statt Anschauung der wirklichen Welt

Noch der „Klassiker“ Schiller stellte fest, daß er „aus einem kleinen Vorrat an Erfahrungen“ sich durch „Ideen“ eine Welt baue. Dieser Vorgang prägt auch die Menschen und die Welt in seinem Jugendwerk „Kabale und Liebe“.

Schiller als schwäbischer Dichter

Wenn jemand Schoße reimt auf Rose;
Auf Menschen wünschen; und in Prose
Und Versen schillert; Freund wißt,
Daß seine Heimat Schwaben ist.

Unverkennbar ein Schwabe

Diese Verse des Romantikers August Wilhelm Schlegel treffen auf das Werk Schillers allgemein zu; auf das Jugenddrama „Kabale und Liebe“ jedoch im besonderen Maße.

Das ist leicht verständlich; denn Schiller sprach sein Leben lang seinen Heimatdialekt, und zur Zeit der Entstehung unseres Dramas waren erst wenige Jahre vergangen seit seiner Flucht aus Stuttgart. Die Jenenser Studenten, die – viel später – den Ausführungen ihres Geschichtsprofessors Schiller folgen wollten, hatten die größten Schwierigkeiten mit dessen Aussprache. Der Schriftsteller Jens Baggesen, der unter Schillers Zuhörern an der Universität Jena war, schrieb offen, dieser habe seine Vorlesungen in einem „unausstehlichen Dialekt“ gehalten. Doch auch in Schillers schriftlichen Zeugnissen findet sich die ungebrochene Kraft des Schwäbischen. So lesen wir in seinen Briefen immer wieder „wirklich“ statt ‚jetzt‘, „wüst“ statt ‚häßlich‘, „laufen“ statt ‚gehen‘, ja sogar „gerner“ statt ‚lieber‘.

Derartige schwäbische Ausdrücke lassen sich auch in seinen dichterischen Werken leicht ausmachen. Die „Erfurter Gelehrte Zeitung“ tadelte in den „Räubern“ den Gebrauch von anderwärts unverständlichen „Provinzialwörtern“. Und selbst bei scheinbar schriftdeutschen Ausdrücken müssen wir bei Schiller vorsichtig sein; ein Beispiel aus dem Gedicht „Die Glocke“: „Ziehet, ziehet, hebt!“; „heben“ ist hier natürlich schwäbisch gemeint: „haltet fest!“, nicht ‚hebt hoch‘!“.

Dabei war Schiller ein erklärter Gegner der Dichtung im Dialekt. Die schwäbischen Ausdrücke und Redewendungen sind ihm gleichsam unbewußt unterlaufen. So verbunden war er mit seinem Heimatdialekt, daß er viele Eigenschaften desselben gar nicht als solche erkannte. An Wilhelm von Humboldt, der ihm ein Gedicht korrigiert mit Anmerkungen zurückschickte, schrieb er:

> „Warum streichen Sie den Reim zwischen Sklave und schlafe, Nerve und unterwerfe? Ich kenne in der Aussprache keine Verschiedenheit.“

Dialektwendungen in „Kabale und Liebe“

Kein Wunder also, daß manche Stellen in „Kabale und Liebe“ eigentlich nur von schwäbisch sprechenden Zuhörern oder Lesern genossen werden können. Die Dialektwendungen häufen sich zu Anfang des Stücks. Geradezu ein Musterbeispiel dieser Art liefert die Frau des Musikers Miller in der ersten Szene, in der sie zu ihrem Mann sagt:

> „Solltest nur die wunderhübsche Billetter auch lesen, die der gnädige Herr an deine Tochter als schreiben tut.“

Eine ‚Übersetzung‘ ins Schriftdeutsche öffnet leicht den Blick auf die Besonderheiten dieses Ausspruchs: ‚Du solltest eben die wunderhübschen Briefchen auch lesen, die der gnädige Herr an deine

Tochter immer schreibt.' Wortgebrauch („als" statt ‚immer, gewöhnlich'), grammatische Eigenheiten (der Akkusativ Plural „wunderhübsche" und die Pluralbildung „Billetter") und Syntax („schreiben tut") würden die Sprecherin als waschechte Schwäbin ausweisen, wenn nicht der Autor selber einer gewesen wäre. Durch das ganze Stück ziehen sich die Konjugationsformen, bei denen der Endvokal verschluckt wird („hab", „komm", „spring" usw.), eine typisch schwäbische Eigenart. Auch der häufige Gebrauch aus dem Französischen übernommener Wörter, meist in den jeweiligen Dialekt transponiert, ist weitverbreitet im süddeutschen Sprachraum. In unserem Beispiel sind es die „Billetter", an anderen Stellen die „Präsenter" oder das „Bläsier"; das markanteste Beispiel im Stück ist der „Kidebarri", von dem Miller spricht (V,5), eigentlich der ‚Cul de Paris'. Hier ist erkennbar, was die einfachen Leute in ihrem Dialekt aus dem französischen Worte machten; da die Aufnahme des Fremdworts nur über das Ohr, also akustisch, erfolgte, ahmte man die fremden Laute so nach, wie man sie eben verstand. Aus dem französischen ‚Cul de Paris' wurde so der schwäbische „Kidebarri".
Diese Stelle ist dem einfachen Musiker vom Autor natürlich bewußt in den Mund gelegt worden. Ob dies an allen Stellen des Stücks, in denen das Schwäbische durchdringt, von Schiller absichtlich so gestaltet wurde, ist aber fraglich. Freilich läßt der Autor das Ehepaar Miller gehäuft diese Suevizismen gebrauchen, doch sagt auch die Lady Milford, nun gewiß keine Schwäbin, „springen" statt ‚laufen'. Und Schwäbisches findet sich auch in den Regiebemerkungen Schillers: die Lady muß sich in der ersten Szene des zweiten Aktes in den (schwäbischen) Sofa fallen lassen.
Und endlich: wie die Millerin das Erscheinen Ferdinands im ersten Akt ankündigt, hat sogar einen Gelehrtenstreit ausgelöst, der schließlich durch den Schwaben Gerhard Storz doch wohl richtig entschieden wurde. Die Millerin ruft nämlich:

„Er springt über die Planke." (I,3)

Storz schreibt dazu:

> „Der Ausruf (...) wird nur dann verständlich, wenn man die heute noch lebendige Benennung für eine der Mannheimer Hauptstraßen ‚Die Planken' zugrunde legt: Die Millerin steht am Fenster und sieht Ferdinand über die Straße laufen (‚springt' ein Suevizismus für ‚laufen, rennen')." (Gerhard Storz, Der Dichter Friedrich Schiller, Stuttgart 1959, S. 111, Fußnote 15.)

Auflistung der schwäbischen Besonderheiten

Eine Auflistung der schwäbischen Besonderheiten im Stück möge Neugierigen das Auffinden und Unkundigen das Verständnis erleichtern:
Die Seitenangaben beziehen sich auf die Ausgabe in den „Editionen", Klett Verlag.

S. 4,32 ff.: *gelt, wenn so ein Musje von sich da und dort, dort und hier schon herumbeholfen hat, wenn er, der Henker weiß was als?, gelöst hat (...)*
‚gelt': nicht wahr; ‚Musje': frz. Monsieur, schwäbische Aussprache mit dem Akzent auf der ersten Silbe; ‚als': alles.

5,5 ff.: *und das Mädel (...) hats Handwerk verschmeckt (...)*
‚verschmeckt': Geschmack daran gefunden

5,22: *„Solltest nur die wunderhübschen Billetter (...)*
s.S. 91 f.

6,5: *das läuft dann wie spanische Mucken ins Blut (...)*
‚Mucken': Fliegen

6,20: *die ‚Präsenter':* frz. présents – Geschenke; schwäbische Pluralbildung

6,32 f.: *(...) eh so ein vertrackter Tausendsasa in meine Stube geschmeckt hat (...)*
‚geschmeckt': gerochen

6,36 f.: *(...) man müss den Herrn Major nicht disguschtüren (...)*
‚disguschtüren': frz. dégouter – vor den Kopf stoßen; schwäbisches „sch"

7,18 f.: *(...) machen uns wohl je und je das Bläsier (...)*
‚Bläsier': frz. plaisir – Vergnügen; schwäbisches „b"

8,19 f.: *(...) weil eben halt der liebe Gott meine*

Tochter barrdu zur gnädigen Madam haben will –
'halt': schwäbisch für 'eben', eigentlich doppelte Verwendung durch Schiller; 'barrdu': frz. partout – überall; in der geänderten Bedeutung von 'durchaus', unbedingt'; schwäbisches „b" statt „p"

9,20ff.: *– warum soll ich ihr einen Mann, den sie nicht schmecken kann, (...) an den Hals werfen?*
'schmecken': riechen

9,37: *Was ich alter Knasterbart an Ihnen abgucke, (...)*
'gucken': schauen, sehen

10,1f.: *– aber eine Weiberseel ist auch für einen Kapellmeister zu spitzig –*
'spitzig': spitz, fein

10,3f.: *– ich bin halt ein plumper gerader teutscher Kerl –*
'halt': eben, nur

11,10f.: *Das ist just so ein Musje (...)*
'Musje': siehe 4, 32ff.

13,24f.: *Er springt über die Planke.*
'springen': laufen; s. a. S. 92f.

27,25: *LADY (wirft sich in den Sofa)*
die im 18. Jahrhundert häufig gebrauchte maskuline Form hat sich bis heute im Schwäbischen erhalten

32,18f.: *Sophie, spring ihm nach (...)*
'spring': laufe (Imperativ)

32,25: *Wie kommen Sie auf das?*
'auf das': darauf

32,26: *(...) die mehresten dieser Unglücklichen (...)*
'mehresten': meisten

53,15f.: *Ich müßte mich schlecht auf den Barometer der Seele verstehen (...)*
maskuline statt neutrale Form, s. a. 27,25

60,1: *Sie sind ein Stuttierter!*
'Stuttierter': Studierter; im Schwäbischen heute noch gebrauchter Ausdruck für 'Akademiker'; schwäbische Aussprache 'kurzes u' und 't' statt 'd'

68,22f.: *(...) weil dieser Mensch dazu ratet –*
'ratet': rät; im Schwäbischen häufige Konjugationsform

94,3: *Les Er doch ganz aus, Vater.*
'Les': schwäbischer Imperativ

105,18: *Die ganze allmächtige Börse?*
‚allmächtig': schwäbische Verstärkung, meist in Wortzusammensetzungen mit ‚Allmachts-', soviel wie ‚riesig, ungeheuer'

106,10: *MILLER (wie ein Halbnarr in die Höhe springend):*
‚Halbnarr': im Schwäbischen bedeutet ‚Halb-' in Verbindung mit Schimpfwörtern eine Verstärkung

106,14f.: *wie komm ich denn so auf einmal zu dem ganzen grausamen Reichtum?*
‚grausam': ungeheuer

107,19ff.: *und eine Haube soll sie tragen wie die Hofratstöchter und einen Kidebarri, wie sies heißen, (...)*
‚Kidebarri': frz. Cul de Paris – ein Kissen, das unter dem Rock getragen wurde, um dem Gesäß die modisch verlangte Ausladung zu geben; s.a. S. 92

Allgemeine Worterklärungen finden sich am leichtesten greifbar in: Erläuterungen und Dokumente; Friedrich Schiller, Kabale und Liebe, hg. von Walter Schafarschik; Stuttgart 1980 = RUB 8149.

Ausgewählte Literatur

Textausgabe

Friedrich Schiller: Kabale und Liebe
(mit Materialien ausgewählt und eingeleitet von Annegrit Brunkhorst-Hasenclever),
Editionen für den Literaturunterricht;
Stuttgart (Klett) 1979.

Über das Werk:

Friedrich Schiller: Kabale und Liebe; hg. von Walter Schafarschik;
Erläuterungen und Dokumente,
Stuttgart (Reclam) 1980.

Schiller: Kabale und Liebe; bearbeitet von Rudolf Ibel;
Grundlagen und Gedanken zum Verständnis klassischer Dramen;
Frankfurt/Berlin/Bonn (Diesterweg) (o. J.).

Über den Autor:

Friedrich Burschell: Friedrich Schiller in Selbsterzeugnissen und Bilddokumenten;
rowohlts monographien Nr. 14;
Reinbek bei Hamburg (Rowohlt) 1958.

Peter Lahnstein: Schillers Leben,
Frankfurt (Fischer Taschenbuch) 1985.

Bernhard Zeller: Friedrich Schiller, Leben und Werk in Daten und Bildern;
Frankfurt (Insel) 1977.

Bernhard Zeller / Walter Scheffler: Friedrich Schiller.
Eine Dokumentation in Bildern; Marbach a. N. (Schiller Nationalmuseum) 1984^3.

Über die Epoche des „Sturm und Drang“:

Geschichte der deutschen Literatur, Band 1:
Theo Herold/Hildegard Wittenberg: Aufklärung. Sturm und Drang;
Stuttgart (Klett) 1983.